機嫌のいいチームをつくる

吉井理人
千葉ロッテマリーンズ監督

Discover

プロローグ

まさかの監督就任

「吉井さん、もし、よそに決まっていたとしても、まだサインしないでくださいね」

２０２２年10月2日、ＺＯＺＯマリンスタジアムでのシーズン最終戦の前、千葉ロッテマリーンズの松本球団本部長は、私にそう言った。

同時に、シーズン終了後の10月５日の夜、食事に誘われた。松本球団本部長とは、これまでも何度か食事に出かけている。慰労会という意味合いだろうと快諾した。ただ、彼が口にした「まだサインしないでくださいね」という言葉が、なんとなく心に引っかかった。

私は当時、マリーンズのピッチングコーディネーターとして活動していた。そして、当時のマリーンズの監督は、就任5年目の井口資仁監督である。この年は5位に沈んでしまったが、2020年、2021年と連続して2位の成績を収めるなど、成果を挙げている。私は井口監督が続投すると思っていたので、松本球団本部長は私にもう一度ピッチングコーチに復帰してほしいと依頼するつもりだろうと予想した。

そしてシーズン最終戦終了後、井口監督が、突然辞任を表明した。

あとで聞くと、それ以前には辞任の意思を固めていたというが、私を含め、ほとんどの球団関係者にとって寝耳に水の発表だった。選手やコーチがマウンド付近で円陣をつくり、井口監督の胴上げをしようとした。

井口監督は、照れながら胴上げを拒んでいた。私は、井口監督に声をかけた。

「最後ぐらい、胴上げされましょうよ」

こうして、マリーンズの2022年シーズンは終わった。

シーズン終了3日後の10月5日、都内某所。

最終戦で井口監督が辞任を表明したが、私は依然としてピッチングコーチ就任を打診されるものと思い込んでいた。約束の都内の和食店に行くと、松本球団本部長が球団副本部長を伴ってすでに席についていた。

店に入った瞬間、二人の姿を見て、いつもより硬い空気を感じた。

何かある。そう感じた。

会食はいつも通りなごやかに進んだが、突然、松本球団本部長の表情が硬くなった。

「来季の話なんですけど……」

来た。本題だ。しかし、その口からは思いもよらない言葉が飛び出した。

「監督をお願いしたいと思ってます」

予想もしない言葉だった。何度も言うが、井口監督が辞任したとはいえ、新しい監督のもと、ピッチングコーチをやってほしいという依頼だとばかり思っていた。松本球団本部長の言葉に、驚きという言葉では表現できないほどの感覚が走った。

（まじで？　からかっている？）

だが、そうした雰囲気はみじんもない。

（嘘じゃないのか？）

心を落ち着かせた。しかし、一瞬ののち、私の心は決まった。むしろ、**この依頼を断っ**

てはいけないと考えた。なぜか。

監督という仕事は、プロ野球人にとってトップの仕事だ。それを依頼されるというのは、球団サイドもよくよく考えてのことだろう。その価値と思いを考えると、監督を引き受けないという選択肢はなかった。野球に関わる者として、このオファーは絶対に引き受けなければならない。

ただ、クリアしなければならない問題があった。実はここまでに、ある球団からピッチングコーディネーターに就任してほしいとのオファーが来ていた。

「実は、ほかのチームから先に話をいただいています。どうしたらいいですか」

「それについては、私たちでなんとかします」

メジャーリーグでは、前に所属した球団より役職が上がるオファーであれば、移籍は認められるという暗黙のルールがある。しかし、日本のプロ野球にはそのルールがない。球団同士で円満に解決しなければ、のちのち面倒なことになる。

正式にサインはしていないため、この時点でほかの球団のオファーを断っても、法的には何の問題もない。ただ、プロ野球は非常に狭い世界である。球団としても私としても、そこはクリアにしておく必要がある。

「ＷＢＣのピッチングコーチも、絶対にやらせてください」

２０２３年３月に開催される、ワールド・ベースボール・クラシック（ＷＢＣ）。栗山英樹監督に請われ、日本代表のピッチングコーチに就任することが決まっていた。

マリーンズの監督に就任すると、シーズン前の大事な時期をＷＢＣの活動に奪われ、監督不在のままプレシーズンを送らなければならない。チームにとって、決して好ましい状況ではない。それでも、ＷＢＣを経験することは、私にとって大きな意味がある。

「それについても、なんとかします。ＷＢＣに行っていただいて構いません」

これらの問題さえクリアすれば、引き受けることに何の障害もない。私は、その場でオファーを受ける旨の返事をした。

「やります」

松本球団本部長からは「ひと晩考えてはいかがですか？」と水を向けられたが、考えても変わらないという強い決意ができていた。

本書は、監督を引き受けた時点から監督としてシーズンを送った体験をもとに語ったものである。

2023年シーズンから1年間、監督業を経験して「監督とコーチはまったく別物」と実感した。ピッチングコーチ時代、私はチームの勝敗をあまり意識していなかった。担当していたピッチャー陣が、チームを勝たせるためのパフォーマンスさえ発揮してくれれば、試合に負けたとしても納得していた。正直に告白すれば、勝敗に関する責任はまったくと言っていいほど感じていなかった。

しかし、監督になってみると、当然ながら状況はまったく変わった。監督にとっての至上命題は「勝つ」ことである。しかし、それはプロ野球だけでなく、あらゆる組織にも通じることだ。本書では、選手が主体的に「勝手に」成長していくための環境を整え、すべての関係者がチームの勝利に貢献できる心理的安全性の高い「機嫌のいいチーム」をつくることの重要性を説く。そうしたチームこそが「強い」のであり、リーダーにはそのための力量が求められるのである。

就任1年目だった2023年に、監督とは何かを考え、実践し、失敗し、学び、さらに考えるという果てしないループから体得した監督としてのあり方を、とくにビジネスパーソンに向けて伝えたい。プロ野球の世界とビジネスの世界。一見すると違いが大きいようで、組織をまとめるリーダーのあり方については、実は多くの共通点がある。

采配という**「意思決定」**、コミュニケーションを通じて**「心理的安全性」**を担保すること、データを駆使しつつ、ときには**「経験と勘」**で決断すること……。本書で論じる内容は、きっとマネジメント層やリーダーの指南書としても参考になるはずだ。

本書は、次の5章立てで論を展開していく。

監督に就任するということは、コーチ（中間管理職）から監督（マネージャー）へのマインドセットの切り替えが必要である。そこで第1章では、マインドセットを切り替えるとともに監督としての基本方針を決める重要性を説いた。

第2章は、チームを勝利（成果）に導いていくための「土台」を構築するうえで大切なことについて言及する。私は、強固な土台をつくるうえでの重要な要素として、コミュニケーションを重視する。監督として、組織のメンバーに対峙する態度を述べた。

第3章では、プロ野球チームの究極のゴールである優勝（勝利）と、同時に求められる選手の育成について語った。勝利と育成はトレードオフの関係にあるが、それを効果的に達成するための秘訣を考えたい。

第4章は、組織に必要な「チーム力（組織力）」について考察する。チーム力を高めるための方策と、ビジネス社会では常識になりつつある**「心理的安全性」**についてお話しする。プロ野球チームにも、心理的安全性は必須である。それを担保する意味でのコミュニケーションについても関連させたい。

そして第5章では、勝利に必要な戦略・戦術について触れたい。優先順位、準備、科学と非科学のバランス、意思決定に関するポイントなど、監督がチームを率い、結果を出すうえで欠かせない重要な点について思考を巡らせていく。

プロ野球チームとビジネスの組織は、似て非なるものだ。だが、組織を率いるトップとしてのあり方は、非常に近しいものがあると考える。

本書が、ビジネスパーソンのリーダーシップを磨くうえでの参考になれば、本書を執筆した目的が果たせるのではないか。ぜひお読みいただき、マネージャーとしてのあり方を考えるうえでのたたき台にしていただけたら本望である。

千葉ロッテマリーンズ監督　吉井理人

目次

第2章 チームの「土台」をつくる 83

第3章 勝利を狙いつつ「育成」を推進する

第5章　チームを「勝利」に導く

第1章　監督としての「**心得**」を定める

選手に主体性を持たせる

私がこれまで務めてきたピッチングコーチやピッチングコーディネーターの仕事は、大まかに言えば投手部門のことだけを考えていればよかった。

だが、監督へ昇格することによって、チーム全体について考える必要がある。さらに球団のゼネラルマネージャー（GM）との関係、オーナーやスポンサーとの関係など、全方向に意識を向けなければならない。必然的に、仕事に臨むにあたってのマインドセットの大幅な変更が求められる。

とくに重要なのが、監督という仕事に取り組むにあたっての「基本方針」である。

何を優先するか、何を重視するか、何を求めるか、何をやらないか——。監督が覚悟をもって基本方針を決めることで、チームの色が決まる。

私は、真っ先に決意したことがあった。

「選手に主体性を持たせ、自ら考え、自ら決断し、自ら行動できるようになってもらいたい。そのためにできることはすべてやる」

常々思っていたのは、主体性と自主性には違いがあることだ。それぞれの言葉の意味を見ると、次のように説明されている。

主体性——自分自身の意思や判断に基づいて行動を決定する様子

自主性——当然になすべきことを、他人から指図されたり、他人の力を借りたりせずに、自分から進んでやろうとする様子

このように、主体性と自主性は明確に意味が違う。主体性には自分の意思や判断が含まれているが、自主性には含まれていない。

学生野球や社会人野球などアマチュア野球を含め、日本の野球界には人に言われたことを率先してやれる選手は多い。アドバイスや指導を受けた際、納得していなくても、あるいは何も考えずに、言われたままやる。ただし、そこに「イヤイヤ感」はなく、積極的に取り組む。これが自主性である。

一方、アドバイスや指導を受けなくても、自分の強みや弱みを自分の頭で考え、強みを伸ばし、弱みを底上げする方法も自ら模索し、それを自分の責任のもとに行うことができる主体性のある選手は、私の知る限りほとんどいない。

主体性と自主性の大きな違いは、モチベーションに表れる。

自分で決定することと、人に決められてやることでは、モチベーションが異なる。集中の仕方も違えば、持続する期間も変わる。調子が悪くなった場合、すべてを自分で決めていると振り返りによって何が悪いのか認識しやすい。さまざまな意味で、主体的に自己決定をしていくことは、スポーツ選手にとって大きくプラスになる。

この主体性のある選手の代表格が、引退したイチロー選手や、サンディエゴ・パドレスのダルビッシュ有選手、ロサンゼルス・ドジャースの大谷翔平選手などだ。

高い技術を身につけようとしたとき、自分が納得し、自分でやろうと思って練習しなければ、なかなか身につかない。彼らが世界でも最高クラスの選手に上り詰めることができたのは、持って生まれた才能だけではなく、主体性を持って野球に取り組んでいたことが大きく作用している。

もちろん、プロに入ってきたばかりの若い選手たちは、いきなりすべてのことを自分で決断できない。そもそも、まだ何をしていいかさえわかっていない。指示を出してトレーニングさせないと、何もできずに終わってしまう。

ただ、指示を出されて取り組んでいくうち、やがて自分の頭で考えられる選手と、そうでない選手に分かれる。自分の頭で考えようとしない選手は、いつまで経っても指示待ちとなり、実戦では使えない選手になってしまう。その差はおそらく、時間が経てば経つほど開いていく。


これは、私自身も経験している。現役時代、私は指導者に言われたことを鵜呑みにするのが嫌だった。指示されたことでも、自分で考え、自分で決断して行動してきた。だからこそ、日本でもアメリカでもそれなりの成果を出せた。

12年に及ぶコーチ時代に、さまざまな選手を見てきた。主体性と自主性の違いが、選手の成長度合いや成長スピードをまったく変えてしまうケースを目撃してきた。主体性を持って、自ら思考、決断、行動ができるプロ野球選手を数多く育てたい。この思いを実現する「覚悟」を持って、私は監督業に臨むことを決意した。

プロ野球チームは、言うまでもなく強いチームが勝つ。勝つチームが強いと言ってもいい。いずれにせよ、そのチームには主体性を持った選手が必要だ。そのうえで、**自分の特徴をいかんなく発揮できるチームが強い。**この信念を貫こうと決めた。

こう考えた理由のひとつに、自分で考えることなく、野球界の「言い伝え」のようなものを鵜呑みにして状況に勝手に色をつけ、できもしないことをやり始める選手が多いことがある。ピッチャーには、こんな「常識」に振り回される選手があとを絶たない。

「味方に点を取ってもらった次の回は、何としても抑えなければならない」

当然に聞こえる。たしかに、否定する理由はない。おそらく、味方の得点によってゲームの流れがこちらに来ているのだから、次の回に点を取られてその流れを相手に渡してはいけないという意味だろう。

だが、よく考えてほしい。そもそも、ピッチャーは味方に点を取ってもらったから抑えるわけではない。ピッチャーは、常に相手打線を抑えなければならない。与えていい失点など、1点もないはずだ。

にもかかわらず、その「常識」にとらわれ、次の回は絶対に点を与えてはならないと無意味に力む。もともと厳しいコースにビシビシ決めるコントロールもないくせに、そこを狙ったことで力みが増幅され、かえってコントロールを乱してしまう。妙な「常識」にとらわれた結果、逆にピンチを招いてしまうことになる。

これは、ピッチャーに典型的な例だ。自分の頭で考えていない証拠である。主体性を持ち、自分の特徴やできることを正確に把握していれば、自分ができることに集中しようとする。それができる選手の集団が大人のチームであり、ファンから見て魅力的なチームになる。そうしたチームが、強いチームになっていくのではないか。

バッターにも「常識」はある。

「インコースに詰まるのは、みっともない」

インコースが苦手な選手でも、バッターの習性やプライドが邪魔をして、インコースに詰まることを嫌がる。むしろ、インコースを攻められたら思い切り叩きたいという理想を追いかけている選手も多い。

しかし、その理想を追いかけても、プロの優れたピッチャーのインコース攻めを、インコースが苦手なバッターがそう簡単に打てるわけがない。主体的に考えられる選手であれば、無理に苦手なコースを狙わず、得意なアウトコースを待って打つことができる。

この選手に対して「インコースが来ても振らない。見逃し三振でもいいから、アウトコースだけに的を絞って打つ」という結論に、監督として導けるかどうかが問われる。

たとえば、インコースを狙うことが得策ではないと納得させるだけのデータを見せ、選手が主体的に「自分の特徴はインコースを打つことではなくアウトコースを狙うことだ」と納得し、実際にアウトコースを狙うバッティングに変えるところまで導くのだ。

自分の頭で主体的に考えて納得すれば、選手はどのようにしてアウトコースを狙うかを自分で考えることができる。ピッチャーとバッターの間では複雑な駆け引きが行われるもので、最初からアウトコースを狙う素振りを見せれば読まれてしまう。狙いを見せずにアウトコースを叩くための戦術は、主体的な思考から生まれる。

それができるかどうかが、**強いチームと弱いチームの分かれ目**になる。主体的な思考があれば、同じ失敗を繰り返す確率が下がり、効果的な戦術を実現できる可能性が高まるからだ。もちろん、選手が主体性を持っても、即座に強いチームに変わるわけではない。ただ少なくとも、主体性を持たせることで確実に選手は変わる。そのことが、チームを強くすると信じている。

では、監督として選手に主体性を持たせるために、どのような環境をつくるか。主体的になった選手を、どのようにして束ねていくのか。

監督にその度量がないと、主体性を持たせようとして結果的に選手を放置してしまうことになる。結果、選手の成長が停滞する。逆に、主体性を持たせることに成功しても、やっていることが監督の意に染まらないからといって、指導しようとする。それでは、主体性を持たせることに意味がなくなる。

実際、2023年シーズンの二軍で、何もわかっていないルーキーたちにも「自分たちで考えてやれ」と指示した。その結果、練習しない選手たちが出たという。選手のレベルに応じてさまざまな手を打っていかなければならないのは、コーチングの基本である。二軍監督や二軍コーチに「それ」を徹底させなかったのは、私の責任だ。全体をマネジメントするのが監督の仕事である。

ただ、すべての選手に監督の目が届くわけではない。一軍のコーチや二軍の監督・コーチに、基本的なコーチング方法を熟知してもらわなければならない。

コーチの主たる役割は、技術を教えることではない。その選手が主体的に技術を向上させていけるように、気づきを与えることだ。前著『最高のコーチは、教えない。』(ディスカヴァー・トゥエンティワン)にも書いたように、教えないコーチングをしなければならない。

コーチングは、選手の持っている優れたものや強みを、選手自身に気づかせるためのスキルだ。コーチがそのような意識でコーチングし、選手が主体的に考えることで結果を出す。監督は、そのイメージを浸透させる役割を担わなければならない。

主体的思考ができるかどうか。
それが強いチームと弱いチームの分かれ道だ。

恐怖心より適度な緊張感

選手には主体性が必要である。そうは言っても野球はチームスポーツなので、選手それぞれが主体性を持つだけではチームは強くならない。最低限の協調性だけは、選手に持ってもらわなければならない。とはいえ、いわゆる「仲良しクラブ」ではなく、主体性を持ちながらそれぞれの個性を発揮し、同時に協調性を持つことでさまざまな選手の色がうまく調和し、魅力的なチームになるのではないか。

協調性については、思うところがある。

最近のプロ野球選手は、協調性に欠けるところがある。それは、学生時代のクラブ活動の変化が影響しているのかもしれない。協調性とは、クラブ活動のなかで、ときには不条理にしか思えないことを強いられ、それでもチームメイトと励まし合いながら耐え忍んでいるうちに、知らず知らずのうちに身についてくるものだと思う。これがクラブ活動のひとつの役割ではないだろうか。

ある一定の年齢以上の人には、学生時代の体験からこの考えがわかっていただけると思う。この不文律を、社会人になってから理解させるのは難しい。

この種の協調性は、日本だけの独特のものではない。

私は1998年から2002年まで、5シーズンにわたってメジャーリーグを経験している。ニューヨーク・メッツ、コロラド・ロッキーズ、モントリオール・エクスポズ（当時・現ワシントン・ナショナルズ）と3球団を渡り歩いた。どの球団でも感じたのは、メジャーリーガーが「みんなのために」という協調性を持っていることだった。

アメリカ人は個人主義が強く、自分を最優先で考えるという勝手なイメージを持っていた。分業制も進んでいたため、協調性をもって力を結集するイメージがほとんど湧かなかった。

しかし、その先入観はすぐに覆された。普段はあまり見えないが、**目的が決まったときには、結束力を発揮する。**

「自分としてはこうしたいけれど、現時点のチームの状況がこうなっているので、いまはこうしなければならない」

メジャーに行ってすぐは、選手たちがバラバラに見えた。だが、シーズンが進むにつれて優勝の目標が近づくと、見事に結束する。ほかのスポーツを見ても、エゴイスティックな振る舞いに走る選手は評価されない。そういう選手はチームメイトの協力が得られないから、自分のパフォーマンスも伸ばせない。アメリカ人のほうが、エゴと協調のバランスをうまく取っているように見える。

2022年の夏にピッチングコーディネーターとしてドジャースに留学したときも、ロッカールームにこんなフレーズが大きく貼り出されていた。

「1試合に勝つには、選手だけで勝てる。しかし、チャンピオンになるためには、チームみんなで戦わなければならない」

これはおそらく、宗教も関係していると思う。欧米はキリスト教文化なので、聖書に書かれた「汝の隣人を愛せよ」という考え方が根底にある。それぞれが自分勝手に動いているようでいても、自分のエゴが周りを不幸にしているかどうかを気にする。それが彼らの道徳を形成している。

日本は、高校生や大学生のころから「チームのために」というスローガンを掲げるチームが多い。だが、それがお題目になっていて、そこにフォーカスされていない。実際はチームのためにと上から押しつけられているだけで、選手自身がそれについて真剣に考えていないのだ。選手がプロに入る前のこうした環境が、協調性が身についていないことと関係しているのかもしれない。

主体的になることは、ある意味でエゴイスティックになることだ。自分の考えに基づいて、自分が良いと思ったことを自由にやる。しかし、自由にやれと言われたら、勝手気ままにやることをイメージするのが日本人の悪い癖だ。そこに、周囲に対する気遣いはない。そうなると、主体性と協調性はトレードオフの関係になってしまう。

選手をよく観察すると、どちらかに偏っている場合が多い。自分の頭で考えず、協調性ばかり意識して周囲に流されている人、つまり烏合の衆になってしまい、みんながこうやるから自分もこうすると考える人だ。もう一方は、エゴイスティックに走って協調性をまったく考えない人である。その両極端に偏り、うまくバランスが取れていないように見える。この点をどうバランスを取らせるかが、監督の手腕になる。

2023年、プロ野球チームでパワハラのニュースがあった。ハラスメントは、絶対にあってはならない。それは大前提だ。

そのうえで言うと、パワハラは受け取る側の受け取り方によって変わるという難しい問題をはらんでいる。いくら選手に主体性を持たせても、チームとしてはある程度のパワーを使ってでも同じ方向を向かせなければならない場面も出てくる。その機会が、世の中の風潮によって奪われてしまったのがもったいない。

チームには、監督、コーチ、選手のパワーバランスがある。監督がすべての意思決定権を持つため、社会的パワーはもっとも強い。コーチがそれに準じ、選手は年齢が若いこともあって、最下層に位置する。しかも、選手のなかにも先輩、後輩というパワーバランスがある。どの世界でも、社会人として直面するさまざまなパワーバランスがある。

そうしたパワーバランスの上下を、私はできるだけ外したいとは思っている。しかしながら、パワーバランスがまったく消え、完全にフラットな組織になってしまうと、多くのことがうまくいかない「いびつな」チームになってしまうのではないだろうか。

つまり、チームに必要な協調性のなかで、上下関係のバランスも無視できない。なぜなら、選手の集中力にも影響を及ぼすからだ。それは、**パワーバランスによる恐怖心や抑圧ではなく、適度な緊張感**である。この緊張感が、チームを成長させる。

私が学生のころは、上下関係が厳しいことが当たり前だった。顧問の先生と選手、先輩と後輩。しかし、最近の若者はその意識が希薄になっている。パワハラに厳しい目が向けられるようになったことで、指導者が昔のような厳しい指導ができなくなったことが原因だ。先輩が後輩に強く指導することも、問題視される。

もちろん、パワハラは許されない。体罰や言葉の暴力を認めろと言っているわけでもない。正しく厳しい指導のなかには、個の強化はもちろん、チームスポーツの協調性や結束力の要素が含まれているということだ。それが徹底されなくなり、協調性を持てず、自由をはき違える若者が多くなっているのは否定できない。

メジャーリーグを引退後、全国の高校を回って指導をしているイチロー氏も、その問題意識を強く持っているようだ。2023年11月4日、5日の2日間にわたって、北海道の旭川東高校で行われた選手指導のなかで、イチロー氏は高校生に向けてこんなメッセージを贈っている。少し長くなるが、当時の新聞記事（スポニチアネックス2023年11月6日）から引用する。

「今の時代、指導する側が厳しくできなくなって。何年くらいなるかな。僕が初めて高校野球の指導にいったのが2020年の秋、智弁和歌山だね。このとき既に智弁和歌山の中谷監督もそんなこと言ってた。なかなか難しい、厳しくするのはと」

「これは酷なことなのよ。高校生たちに自分たちに厳しくして自分たちでうまくなれって、酷なことなんだけど、でも今そうなっちゃっているからね。迷ったときに、この人ならどう考えるんだろって存在は、そんな自分で整理してこれが正解だと思うっていけないですよ、なかなか」

「自分たちを尊重してくれるのはありがたいけど、分からないこともいっぱいあるからもう少しほしいんだけどってない？　あるよね？　これは高校野球というよりも大きな、もうちょっと大きな話になっちゃうね」
「でも自分たちで厳しくするしかないんですよ。ある時代まではね、遊んでいても勝手に監督・コーチが厳しいから全然できないやつがあるところまでは上がってこられた。やんなきゃしょうがなくなるからね。でも、今は全然できない子は上げてもらえないから。上がってこられなくなっちゃう。それ自分でやらなきゃ。なかなかこれは大変」

イチロー氏のメッセージは、直接的には高校生に自律を促すものだった。一方で、チームのあり方に踏み込むメッセージも贈っている。

「本当はこれ言いたいけどやめとこうかなってあるでしょ。でも、信頼関係が築けていたらできる。おまえそれ違うだろって。いいことはもちろん褒める。でも、そうじゃない。言わなきゃいけないことは同級生・先輩・後輩あるけど……1年から2年に言ったっていいよ今は、大丈夫。そういう関係が築けたらチームや組織は絶対強くなりますよ。でもそれを遠慮して、みんなとうまく仲良くやる、ではいずれ壁が来ると思う」

監督やコーチ、先輩が選手に与える恐怖心は、短期間に限って言えば一定の効果が見込まれる。だから、クライマックスシリーズや日本シリーズなどの短期決戦では、奥の手として使う監督もいるかもしれない。

しかし、選手のモチベーションを考慮すると、長い期間は続けられない。長期にわたるチームづくりをするうえでは、それは目指すところではない。

恐怖心ではなく緊張感。その意味に限ってだけ、パワーバランスがあってもいいのではないか。イチロー氏が示唆したのも、**緊張感を持った個が集まることで、チームに計り知れない好影響がもたらされる**という意味合いだと私は解釈した。

適度な緊張感こそが、チームを成長させる。

キャプテン不在のリーダーシップ

私は、プロ野球チーム、もっと絞って言えば千葉ロッテマリーンズにキャプテンは必要ないと思っている。

もちろん、チームとしてのリーダーを置いてもいい。選手会長がそれにあたる。選手間で何か問題が起こったとき、書かれざるルールのなかで揉め事が起こったときに、選手の意見をまとめて球団に伝える役割は必要だと思う。野球そのものに関わらないリーダーはいたほうがいいだろう。

ただ、野球という競技の特性上、試合や練習などプレーに関わる部分では、リーダーは必要ないと考えている。

野球はチームスポーツでありながら、限りなく個人競技に近い。ピッチャーとバッターの1対1の勝負が大半を占め、攻撃も1番から9番まで順にひとりで戦いに行く。守備もポジションが決まっているので、あまり入り乱れることはない。

しかも、野球は時間が止まる。その都度考えられる。サッカーやラグビー、バスケットボールなど、試合が止まることなく常に流れ、ポジションが常に入れ替わる競技ではそういうわけにはいかないかもしれないが、野球の特性を考えれば、そのときに気づいた人がチームをリードし、チームを前に進めていけばいいのではないか。

そもそも、**選手個々が主体性を持てば、誰もがキャプテンになれるはずだ。**適切な場面でそれぞれがリーダーシップを発揮すればいい。

プロフェッショナルは学生の集団ではない。練習をサボっている選手に「おい、練習しろ」と叱責する必要はない。練習をサボる選手は淘汰されていくだけだ。チームのまとめ役、監視役はいらない。野球に関することは、一人ひとりがリーダーになればいい。それが、主体性の醸成にも結びつく。

WBC日本代表も、栗山監督はあえてキャプテンを置かなかった。それでもチームとして十分に機能していた。優勝という最高の結果も残している。

ただ、日本を代表する一流選手が集まったチームで、しかも短期の大会だったから成功しただけかもしれない。ペナントレースのような長いシーズンになると、リーダーが必要になるかもしれない。

すぐにできなくてもいい。最終的には、リーダーがいなくても選手それぞれが主体性を持ち、**それぞれのリーダーシップでチームの色を染めていくチームにしたい。**

プロ野球チームは、大前提として勝利が義務づけられる。選手には、まずそのことにしっかりと向き合ってほしい。そのために自分は何ができるか、何ができるようにならなければいけないか。これを主体性を持って考えれば、選手それぞれがリーダーのような振る舞いができるようになると信じている。

はじめは、自分のスキルとパフォーマンスを高め、自分が活躍することを想像してもいい。しかし、そこを起点に「チームが勝つためにはどうしたらいいか」という考え方に変わってほしい。それが、一流になる選手とそうでない選手の分かれ目になる。

自分だけ成績が良ければ、チームの勝ち負けはどうでもいい。そう考える選手の集合体では、チームは崩壊してしまう。もちろん、プロフェッショナルの世界は、個人的に抜きん出た実績さえ残せば、ある程度は評価される。ところが、チームが優勝しなければ人件費の増額はそれほど見込めないため、期待したような昇給は望めない。

おそらく、選手はそれを頭ではわかっている。しかし、自分のプレーが思い通りにいかないと、自分中心に陥っていく。

２０２３年シーズンは、中村奨吾選手の数字が上がらなかった。彼はチームのキャプテンだったが、なかなか自分の思うようなプレーができないこともあり、チームのことや、ほかの選手のことを見渡す余裕をつくれない状態になっているように見えた。プロフェッショナルとして、生活や人生が懸かっている。自分の調子が良く、余裕があればできたことでも、追い込まれたときに優先するのは、自分のプレーの質だ。

やむを得ないと思う。プレーの調子や実績は、どうしても波がある。だからこそ、特定の選手にリーダーの負担を負わせるのではなく、全員がリーダーになるべきなのだ。それができれば、全員でチームやほかの選手のことを見渡すことができる。その環境を整えるのは、監督の役割である。

ただし、野球の実力を備え、リーダーシップを発揮できるような資質を持った選手をかき集めたいわけではない。リーダーの資質を持たなかった選手が、自分がリーダーになってもいいのだと思える雰囲気のチームにしたいのだ。


2023年のWBC日本代表では、ダルビッシュ選手がピッチャー陣の兄貴分として慕われ、チームが盛り上がった。しかし、マリーンズにはダルビッシュ選手のような存在はいない。ピッチャー陣では益田直也投手と澤村拓一投手がその役割を担ってくれたが、野手陣にはそういうタイプがいなかった。

2023年は、角中勝也選手がチームを引っ張る場面を見せてくれた。それまでの角中選手は、自分自身のプレーを突き詰めるタイプだった。しかし、2023年シーズンの終わりごろには、チームが勝つために後輩に声をかけるような行動が見られた。

角中選手のようなケースが出てきたのは、明るい兆しだ。誰もがリーダーになれることこそ、チームが前に進んでいる証なのかもしれない。リーダーシップを発揮できる環境さえ整っていれば、そこからリーダーシップは育っていくと思う。

キャプテンはいらない。
全員がリーダーになるべきだ。

すべての責任を引き受ける

監督は、チームの勝敗などすべての結果の責任を持つ。どのような要因があろうと、言い訳はできない。

すべての責任を引き受けるのは、心理的負担が大きい。試合中にベンチにいると、失敗の原因を誰かの責任にしたくなる。感情が大きく揺らぎ、怒鳴りたくなる場面が出てくるかもしれない。しかし、それだけは絶対にしてはいけない。

だが、2023年シーズン中、憤怒の表情を出してしまったこともある。2024年シーズンは、その戒めをさらに強くしなければならない。

選手たちが懸命にプレーしているのは、痛いほどよくわかっている。それなのに結果が出ないのは、戦略と戦術を考える監督と、それをもとに準備するコーチに原因がある。

リリーフピッチャーの準備をするブルペンへの指示は、基本的にピッチングコーチが担う。試合で投げているピッチャーの調子が上がらず、交代するタイミングで準備ができていなければ、チャンスを逃す。それを避けるには、ゲーム展開を読み、先手を打って準備させなければならない。

しかし、2023年シーズンに準備の遅れによってピッチャー交代のタイミングを逃してしまう事態が頻発した。この責任は監督である私にあった。

監督1年目の私は、ピッチングコーチの経験が長いこともあり、すべてのピッチングコーチが自分と同じように試合の流れを読めると思っていた。それができて当然だと思い込んでいた。そのため、コーチとその点で語り合うことはなかった。

試合中、監督が守備も攻撃もピッチャーの交代もすべて自分だけで考えていたら、判断が遅れる。だからコーチにそれを進言してほしい。それができないのは、すべてコーチの責任である。そう思ってしまった。改めて振り返ると、ピッチングコーチとよく話し合い、コーチを活用すればよかったと反省した。

私は、**中間管理職からマネージャーへ昇格したときに陥りがちな罠**にはまった。

ピッチングコーチとしての経験を持っているから、コーチの役割も自分でやったほうが早いと思ってしまう。客観的なデータで伝えればよかったのに、経験があるがゆえに主観が入った指示をしてしまった。ピッチングコーチも何らかの打ち手を考えていたはずだが、それに耳を傾けることなく、一方的に指示をしてしまった。

野手部門に関しては、経験がないためすべてを野手コーチに任せてしまった。さまざまな科学的な分析データが出ていたので、それを基準に指示を出せばよかったが、必要以上に敬意を払ってしまった。ピッチャーは対戦相手のバッターを打ち取らなければならないので、ある程度は野手の研究をしている。ただ、バッターとしての経験がないため、バッティングについて強く言うことに後ろめたい気持ちがあり、言えなかった。

これらは、監督として絶対にやってはならないことだ。

監督は、一部の例外を除けばコーチを経て監督になる。ビジネス社会で、中間管理職を経て役員、社長になっていくのと変わらない。そこで陥りやすいのは、監督がコーチより仕事ができるため、自分でやってしまうことだ。コーチとしての能力、中間管理職としての能力が高いから、監督や経営者になれる。すると、コーチや中間管理職の仕事ぶりを見て、どうしてももどかしさを感じてしまう。

しかしそれでは、チームとしてうまく機能しない。それぞれの階層で担うべき役割を明確にし、担当した人に任せ、**それぞれの立場から生まれる疑問や意見を参考にしながら方向性を決めていく**のが、監督の仕事である。

自分がやったほうが早いからといって、コーチの業務領域を侵犯するのは、監督としては越権行為になる。しかも、日本には結果を出した人間しかものを言えない文化が根強くある。しかし、監督はその悪しき文化を払しょくしなければならない。

主体的と自主的の違いを説き、主体性を持った選手を育てていこうという指示も、コーチに出していた。しかし、それが十分に伝わっていなかったため、コーチが選手の後押しをできていなかった。これでは、選手に主体性が育たないのは当然だ。その点については、改めてコーチと対話して改善していかなければならない。

先述したが、ピッチングコーチ時代、私はチームの勝敗をあまり意識していなかった。担当していたピッチャー陣が、チームを勝たせるためのパフォーマンスさえ発揮してくれれば、試合に負けたとしても納得していた。正直に告白すれば、勝敗に関する責任はまったくと言っていいほど感じていなかった。

完全にピッチャーの責任で負けたときには責任を感じるが、ある程度の点数に抑え、バッターが打てなくて負けた試合に関しては、ほとんど感じていなかった。

しかし監督は、ピッチャー、バッターどちらの責任も負わなければならない。そして責任の重さの急激な変化に対応しなければ、精神的ストレスが溜まる。

監督を引き受けた時点では、その責任の重さからチームのすべてをマネジメントしなければならないと覚悟した。しかし、実際に監督を経験してみると、監督がすべてをマネジメントすることは不可能だ。コーチ陣を信頼し、さまざまなことを任せ、その責任を負わなければならないことに気づいた。

ただ、任せるに足る仕事をしてもらうには、監督としての自分の考えをコーチに押しつけるのではなく、理解してもらう必要がある。そのうえで、選手を導く方法を身につけてもらわなければ難しい。

だからこそ、監督は直接選手を見るより、コーチを見ることのほうが重要だ。ビジネスで言えば、トップが中間管理職をどう育てるかという視点だ。

プロ野球チームの監督は、基本的にチームのフロントから与えられた選手とコーチで戦う。すべての責任が監督にのしかかってくるからこそ、選手やコーチを監督の色に染めていくことが不可欠だ。私の場合は、**主体性と協調性を尊重し、選手に語らせることによって気づかせるコーチング**だ。その色に染めていくのも、監督の手腕と責任である。

ただ、それは短期間でできるようなものではない。経験豊富でコーチングの手腕に長けたプロフェッショナルなコーチで周囲を固めたとしても、選手を変えていくには長い時間がかかる。監督に与えられた任期では、あるいは不可能かもしれない。

私も、マリーンズの監督をどれぐらい長くやれるかわからない。任期中に変えることができなくても、主体性を生かし、協調性を重んじる文化を根づかせたい。それが次の監督に否定されても、選手やコーチ、球団に根づいていれば、廃れることはない。そのほうが選手にとってもコーチにとっても、メリットがあるという強い信念がある。

監督がすべての責任を取るといっても、もはや監督がヒエラルキーのトップに君臨し、監督の言うことを聞いていればいいという強権的なリーダーシップではチームはまとめられない。そのような方法で勝っても、選手は楽しくない。**選手を駒のように動かす監督の横暴は、ファンは敏感に感じ取り、チームに魅力を感じてもらえなくなる。**

すべてをマネジメントすることは不可能。
だからこそ、コーチを信じ、
任せることも必要だ。

勝つことにどん欲になる

監督1年目の2023年シーズンは、オリックスが首位を走り、それに続く2位から4位になった3チームが最終戦まで「団子状態」だった。マリーンズは、最終戦の勝利で2位になることができた。クライマックスシリーズのファーストステージをホームで開催することができ、球団の収益にも貢献した。

ファーストステージでは3位のソフトバンクを2勝1敗で下し、ファイナルステージに進むこともできた。残念ながらオリックスに敗れ、日本シリーズへの出場は叶わなかったが、毎日懸命に勝利のための戦略、戦術を考え抜いたのは、2024年シーズンに生きるはずだ。

監督として、チームの成果は大きな要素を占める。なかでも、**順位にはこだわる。**2023年に3位になっていたら、ファイナルステージに進めていたかどうかわからない。ほかの監督がどのように考えているかわからないが、クライマックスシリーズに出場できなければ、ペナントレースを戦う意味がないと思っている。3位までに入るのと4位以下になるのとでは、まったく意味が違う。そして、ファイナルステージに勝って日本シリーズを戦うことができなければ、戦う意味が半減する。

クライマックスシリーズがなかった時代の名残として、今でもリーグ優勝に価値があるととらえている人もいる。リーグ優勝すれば、クライマックスシリーズで負けても実質的な優勝チームという意識で溜飲を下げている。

ファイナルステージで1勝のアドバンテージを付与されることもあり、リーグ優勝に価値がないわけではない。ところが、現行のルールでは3位からでも日本一になれる。そういう意味では、3位までに入ることがとくに大きな意味を持つ。

メジャーリーグは、その考え方が徹底されている。ポストシーズンを戦うために、2月のスプリングキャンプから頑張っている。合計６チームが得られるリーグ１位を争う座も、ポストシーズンで負けてしまえば何の意味もない。この考え方は、日本より強い。

もちろん、私もリーグ優勝を狙っている。１位でファイナルステージに進み、勝ち上がってきたチームを下し、日本シリーズでセ・リーグのチームを倒して完全優勝する。「それ」を実現すべき目標とし、本気で実現させるための戦略、戦術を考えるのが監督の仕事だ。


２０２３年に２位になれたのは、**選手のモチベーションを最後まで保てたこと**が大きかった。２０２２年シーズンは、ピッチングコーディネーターとして球場の外を飛び回っていたため、チームの戦いを詳しくは見ていない。ただ、２０２２年も終盤になって先発ピッチャーが足りなくなり、チームが失速して選手が諦めてしまったところがある。その反省を、選手たちも生かせたのかもしれない。

「まだいい位置にいるので、もうひと踏ん張りすればいけるぞ」

そんな思いが選手の間で広がり、最後までモチベーションが下がりそうで下がらなかった。それが最後まで踏みとどまることができた大きな要因だった。わずか1年間であるが、選手に主体性を意識させ、協調性を意識させ続けた結果と言えるだろう。道半ばではあるが、それがモチベーションの維持につながったのは間違いない。

シーズン中、選手全員を集めてモチベーションを高めるミーティングを行った。たしかに、ミーティングの翌日は選手の目の色が変わっていたので、効果があったのは間違いない。ただ、それが長続きしないのが現在のマリーンズで、だからこそ何度もモチベーション向上のミーティングが必要だった。その意味では、選手たちに主体性と協調性が定着するにはもう少し時間がかかりそうだ。

あらゆる情報をオープンにする

2位になったことで、ファンが増えたのも事実である。2023シーズンは公式戦主催試合の観客動員数は180万3994人となり、過去最多を記録した。スポンサー企業も今年の野球は面白いと評価してくれた。勝利が好循環を生み出すのは間違いのないところだが、内部情報を対外的に開示したことも、大きく寄与しているのではないか。監督はそこまで考えて行動する必要がある。

私は、日本のプロ野球チームが通常であれば隠す「怪我人情報」さえ、試合に出ない選手であれば隠さなくていいと思っている。もちろん、選手登録を抹消しない場合はオープンにしない。だが、試合に出なければオープンでいい。ファンにとっても、なぜ試合に出ていないのかわからなければ、モヤモヤするだけだ。メジャーのチームも、そうした情報はすべて発表してしまう。

試合後の監督インタビューでも、メジャーリーグを取材する記者は、試合内容に厳しく突っ込んでくる。対応する監督は、ある程度までは包み隠さずに話さなければならない。記者が知りたい情報は、ファンも知りたいと思う。その点において、私はメジャーリーグの監督を意識してインタビューに答えた。場合によっては、そのときに抱いた感情まで口にすることもあった。

「あの場面はがっかりしたけれど、選手は頑張ってくれた」
「あのときは監督として、私も感情が揺れてしまいました。そのために、継投がワンテンポ遅れてしまった。それが敗戦につながったかもしれません」

これは、記者を通じてファンにメッセージを送るだけでなく、**選手にも意図を伝える意味合いがある。**監督があらゆる場面で情報開示をするのは、関係する人たちにすべての情報を開示することによって、わかりやすいチームにすることが重要だからだ。情報が不足したチームは、いまどき「神秘のヴェールに包まれた」などと評価されない。

ピッチャーの継投でよくあるケースとして、なぜあの場面で自分だったのかという疑問を抱く。継投に失敗したときも、監督が「本当はこうしてほしかったから彼に投げてもらったが、そうはならなかった」と言えば、選手たちにも監督の意図が伝わり、次に生かすことができる。

監督の言葉は、想像以上に選手に影響を及ぼす。しかし、監督も選手も忙しいため、あらゆることを直接伝えられるわけではない。

プロ野球界では、選手がテレビやスポーツ新聞などで監督の真意を知るケースが少なくない。私はそれも、言葉を伝える機会として利用する。選手が知りたいことは、わかりやすく伝えたいと思っているからだ。球場の監督室の扉を開けたままにしているのも、いつでも情報を開示する用意があるからである。

情報はオープンにし、「わかりやすいチーム」をつくる。

勝利へのプロセスを考え抜く

もちろん、選手のモチベーションが上がっただけで、前年の5位から2位に上がれるわけではない。さらに言うならば、プロセスを考え抜いたことも影響しているだろう。

２０２３年シーズンの打順は、ほぼ毎日変わった。相手ピッチャーに合わせて得点が入りそうな打順を、監督、コーチ、アナリストが膝を突き合わせて決めた。優勝したオリックスも１３５通りの打順だったそうだが、マリーンズはそれを上回る１４２通りの打順で戦った。ペナントレースは１４３試合だから、同じ打順になったのはたった1試合ということになる。

しかも、打順を含めて**スターティングメンバーを前日に決定した**のは、マリーンズの歴史上はじめてだった。選手には、LINEで伝えている。契約更改後、選手が記者会見をやるのが恒例だが、そのときにこう発言した選手がひとりではなかった。

「吉井監督になってから、スタメンが試合前日にアップされるので、気持ちの整理ができて、良い準備ができるのが助かりました」

通常は、試合当日に球場に来たときにロッカールームで発表されるか、試合前の練習が終わってからロッカールームで知らされる。だが、それでは選手にとってマイナスになると判断し、前日にLINEで流すことに変えた。

レバレッジ方式のリリーバーの使い方もそうだ。

優れた先発ピッチャーは、同じ打者を2回り半は抑えられる。3人ずつ打ち取るのが理想だが、ヒットやフォアボールを出すことも想定されるので、おおむね5回から6回あたりまで抑えられる計算になる。

いわゆる「クオリティスタート（6回以上の投球、自責点3点以下）」と呼ばれる、優れた先発ピッチャーの証だ。2回り半をテクニックやパワーで抑えられるピッチャーが、そのチームのエースと呼ばれるにふさわしい。

先発ローテーションの3番手あたりまでは、そのデータが有効だ。だが、4番手、5番手、6番手になると、5回まで抑えられるかどうか怪しい。裏を返せば、2回り半以降はほぼ確実に相手打線に捕まる。バッターの目がボールに慣れてくるからだ。これは、データから見ても明らかである。つまり、ゲーム展開によっては、5回か6回に捕まるポイントが回ってくる。

そのときに、優れたリリーフピッチャーを送り込み、その時点で相手の攻撃の芽を摘み取る。そのまま最後まで逃げ切りたいというのが私の発想だった。だからこそ、優れたリリーフピッチャーを数多く集める戦略が得策だと思った。

ほかのチームを見ていると、6回あたりで先発ピッチャーを引き継いだ2番手は、それなりのレベルのリリーバーしか出してこない。そこを逆手に取り、マリーンズは2番手に優れたリリーバーを投入する。その時点でマリーンズが勝っていれば、相手もレベルの高いリリーバーを投入できない。すると、試合後半も相手投手を打ち込み、点を取れる確率が上がる。点差が離れれば、徐々に相手投手のレベルが下がってくるので、勝利に向かって勢いづくことができる。

しかし、6回に交代したリリーバーが抑えられず、相手に点を取られてしまい、相手が勝っている状態をつくられると、相手も質の高いピッチャーを送り込んで勝ちを確定させようとしてくる。そうなると、こちらの打線は打てる確率が下がり、試合としても負けが近づいていく。6回あたりで相手の息の根を止める優れたリリーバーがいれば、勝ちは見えてくるのである。

一般的に、勝ち試合を締めるのはクローザーと呼ばれるピッチャーだ。短いイニングだが、相手打線を完璧に抑えられる武器を持っている。その前を担うのが、セットアッパーと呼ばれる優れたリリーバーだ。よく「勝利の方程式」と言われるのは、セットアッパーとクローザーの質が高いチームの継投策を指す。

つまり、優れたリリーバーが投入されるのは8回、9回になることがほとんどだ。しかし私は、それが6回、8回に必要だと考えている。6回に必要な理由はすでにお話ししたが、8回も3回り目、4回り目の上位打線が回ってくることが多い。そのため、試合が動く分かれ目になる。9回は、勝っていれば流れがこちらに来ているので、勢いに任せて抑えてしまうことが多い。だから、クローザーよりも6回と8回を投げるリリーバーのほうが、実際は難しい投球を強いられるものなのだ。

メジャーでは、もちろん試合を締めるクローザーを置いているチームが多い。ただ、私の言った6回と8回に優れたリリーバーを注ぎ込んでいる。8回に元クローザーだった投手を投げさせて試合を決定づけ、そのあとはリリーバーとして2番手、3番手の投手に投げさせる。10セーブを記録する投手が3人もいるチームも珍しくない。そういう戦略を取るチームが、今のメジャーでも強い。

私がこれを知ったのは、ピッチングコーディネーターとしてドジャースに留学したときだった。彼らはこのシステムのことを「レバレッジ」と呼んでいた。**ここぞという場面で優れたピッチャーを投入する。**勝利へ突き進むレバーを入れるという意味で、そう表現していたのだと思う。

マリーンズには、監督を引き受けた時点でレバレッジに該当するリリーバーが誰もいなかった。クローザーの益田直也投手が2022年は調子が悪かったからだ。現有戦力で6

回から9回までをどうつなぐかを考え、リリーバーをどう構成するか頭をひねった。

留学する前は、勝利の方程式として7回、8回、9回を固定してあげたほうが、リリーバーも準備がしやすく、高いパフォーマンスが期待できると思い込んでいた。しかし、ドジャースに留学して、実際にレバレッジ方式を採用してうまくいっているチームを見てから、考え方が変わった。ドジャースでは、ブルペン陣にインタビューもした。

「昔のやり方と違うけど、準備は大変じゃないの」

「はじめは混乱したけど、慣れたらできるよ」

2023年にはじめてレバレッジ方式を採用したが、マリーンズのブルペン陣は混乱したかもしれない。だが、2024年からは対応力が身についてくると思う。戦略や戦術がわかれば、選手はそれなりの準備をして適応するものだ。

適応できれば、心の持ちようも、トレーニング方法も変わってくる。「ここは俺だ」と思ってマウンドに行くのと、「え、俺かよ?」と思ってマウンドに行くのとでは、選手のモチベーションはまったく違う。プロセスに慣れてくれれば、心の準備も身体の準備も、選手たちが主体的にできるようになる。

その意味で、チームの戦術はなるべくわかりやすく選手に説明する必要がある。

その根拠として想定しているのは、選手のパフォーマンスを上げるメカニズムだ。**パフォーマンス向上の要素は「技術」「戦術」「メンタル」「体力」**の4つが挙げられる。即時性があるのは戦術だけ。技術、メンタル、体力は時間をかけて積み重ねないと変化が見られない。即時性のある戦術はできるだけ早く選手に伝え、頭のなかで整理してもらって戦いに臨んでもらうことでパフォーマンスを高める。スタメンを前日に伝えるのも、それが根拠となっている。

ブルペンデーもそうだ。

ブルペンデーとは、先発ピッチャーのローテーションの狭間で、その日はブルペンピッチャーだけで1試合を戦うと決めた日を意味する。そのときはレバレッジ方式ではなく、投げるイニングをあらかじめ選手に伝える。

「おまえは今日、先発をやってもらうが、初回だけしっかり抑えてくれ」

「2番手に投げるおまえは、2イニングをしっかり投げてくれ」

「3番手のきみは、4回だけ抑えてくれれば次につなぐ」

試合前に、その日に投げるすべてのピッチャーに投球回数を告げて試合に入る。試合の流れによって多少変わることもあるが、それでも言われた選手は準備しやすく、**心づもりができて100％の力を発揮しやすい。**

ブルペンデーは、リリーバーに負担がかかるため、頻繁に使える戦術ではない。しかし2023年は、やむを得ず5回使った。それは、先発ローテーションの数が足りないこと、急に故障者が出たことが原因だった。5回のうち2回失敗したが、負け試合もクロスゲームだったので、選手の理解も進んでいると感じている。

スタメンやローテーションなど、わかっている戦術は早めに選手に伝えるほうがいいと言ったが、状況によって伝えたあとに変更する場合もある。変更する可能性を考慮し、伝えるのを躊躇する監督やコーチがいる。

私は、変更してもいいと思っている。たしかに、スケジュールやプロセスが狂ってしまうため、準備していた選手には良い影響を与えない。しかし、変更するケースは圧倒的に少ない。その少ないケースを危惧するよりも、事前に十分な準備ができるほうが選手やチームに好影響を与えるはずだ。

「今日はどうなるんだろう？」

そんな不安を抱えながら球場に行くよりも、「今日はこれで行く」とわかっているほうが、選手は思い切ったプレーができる。

変更の可能性があることをあえて口にしないのは、監督が選手を混乱させてはいけないという親心から来ている。あるいは、朝令暮改で無能と思われたくないという自尊心もある。私も、その両方を心に抱えながら伝えている。

しかし、それでも**監督は変化するプロセスを含め、すべてをオープンにしたほうがいい**と考える。選手に主体性を求めるならば、できるだけ考える材料と、準備をする時間を与えるべきだと思うからだ。

選手に主体性を求めるならば、
できるだけ考える材料と、
準備をする時間を与えるべきだ。

栗山英樹監督から得た「軸」の置き方

監督を引き受けるにあたって、こんなことを心に決めた。

「選手のため、チームのため。最終的には、選手が輝けるようにしたい」

コーチ時代は、ピッチャー個々のパフォーマンスを上げることに特化していた。監督になると、チーム全体でそれぞれの個性が生きるように起用しなければならない。この選手はどのように起用したら輝くか、あの選手はどのような場面で起用すれば能力を生かせるか。そんなことばかり考えた。

これは、日本ハム時代とＷＢＣでご一緒した栗山英樹監督の影響が大きい。

栗山監督は、常に選手のことを考えて試行錯誤していた。栗山監督とはコーチと監督の関係が長いので、いつも「そんなことまで頭を悩ますのか」という目で見ていた。参考になることも多く、**監督としての私にもっとも影響を与えた人物だ。**

とはいえ、日本ハムのコーチ時代の頃に接していた栗山監督は、何か普通と違うことをやる監督に見えることもあった。やや伸び悩んでいるピッチャーに、先発をさせたいと言う。ピッチャー専門の私から見れば、その選手は間違いなくリリーバータイプだった。しかし、可能性があるならやりたいと提案してくる。

「無理だと思いますよ」

私はそう進言した。やるだけ時間の無駄になると当時は思ってしまっていたからだ。選手のパフォーマンスに関する考えだけでなく、戦略、戦術に関しても当時の野球の常識から外れたことを言われることもあった。

現在では少なくないが、当時は常識から外れていたブルペンデーもそうだ。先発ピッチャーが2回か3回しか投げないことをショートスタートと呼ぶが、そこからリリーバーをつないでいく戦略は、先ほどご紹介した。しかし栗山監督は、それを年間を通じてやりたいと提案してきた。

「3イニングぐらいなら、中3日で投げられるんじゃないの」

理論上はそうかもしれないが、それをやってしまうと、1年の途中でチームがもたなくなる。ピッチャーの回復期間は、3イニングと6イニングでたしかに違うが、回数を重ねると同じように消耗していくため、いくら3イニングしか投げなくても中3日、中4日で投げさせるのは選手の故障につながる。

一軍と二軍の入れ替えも、えっと思うような決定が何度もあった。二軍ではほとんど実績が出ていないのに、一軍でそれなりに活躍している選手と入れ替えたこともあった。環境を変えることで、選手を活性化させたいという意図だった。

それがうまくいくケースが今振り返るといくつもあった。

たとえば、中田翔選手（現中日ドラゴンズ）を4番で使い続けたことで、彼は球界を代表するスラッガーに成長した。当初は、ほとんど打てなかった。打線の強弱が死活問題となるピッチャー陣から疑問の声もあった。そもそも、その時点で調子の良い選手を使うという栗山監督のポリシーに反しているのではないかとも思えた。しかし、我慢して使い続けることで、結果的には日本球界を代表する頼もしい選手になった。

これらのケースだけでなく、こちらからすれば絶対に無理と思えるような提案を数多くしてくる監督だった。無茶にも思える提案を思いつくのは、**その選手をなんとか活躍させたいという親心から始まっている。**むしろ、それは願望かもしれない。

しばらく経って、WBCでご一緒した。私がコーチから監督に立場が変わったため、栗山監督を見る角度が変わった。日本代表選手は、みな優れた選手だ。栗山監督でも奇抜な起用はせず、正攻法でいくというのはわかっていた。そのうえで、ピッチャーの起用戦略、打順を決める視点、試合の戦略について、どのような意味があるのか考えながら見ていた。

チームの中心選手を誰にするか。栗山監督はまずそこから考え始めた。ピッチャーについては、ダルビッシュ選手と大谷翔平選手がいたので、この二人になることはわかっていた。一方、イチロー選手のような圧倒的な実績を残している野手がいなかったので、中心を誰にするのか、栗山監督の考えに興味を持った。

「村上を中心にやりたい」

2022年シーズンに三冠王を取った実績があるとはいえ、ヤクルトの村上宗隆選手は

23歳（当時）とまだ若い。歴戦のつわものが揃う日本代表で、ほかの選手が受け入れてくれるのか懐疑的だった。

「ゆくゆくは、日本の顔になるような選手にしたい。日本代表だけではなく、日本のプロ野球の今後を考えたうえでのことだ。村上がヤクルトに戻ってからも、そういう選手であり続けてほしい」

栗山監督は、そういう思いで村上選手を軸に据えた。

「だから、調子が良くても悪くても、村上はスタメンから外さない」

この発想は、おおいに参考になった。私も、ピッチャーのローテーションを決めるときは軸になる選手を考えていた。しかし、それはあくまでも「今シーズンは」という前提で考えている。ピッチャーは、毎年調子の変化があるからだ。この選手を長く中心に据えて育てていこう、軸になる選手にしようという発想はなかった。

栗山監督は、選手のことを常に思っている。その選手がどうやったら活躍できるようになるか。人間としても成長させたい。常にさまざまな可能性を考え、**選手のためにその可能性を捨てない。**その精神は、監督となった今、私も参考にさせてもらっている。

選手としての成長と、人間としての成長。
どちらの可能性も諦めない。

臆さずに意見を言える環境を整える

２０２３年は1年目だったので、監督としての「やり方」はわからない。そのため、基礎は今まで学んできたコーチング理論を使ってみようと思った。

1年間、監督を経験して、監督とコーチはまったく別物と実感した。

コーチング理論はコーチたちにしっかり学んでもらい、それをもとにコーチが選手に接するかたちが望ましい。私も、監督としてときには選手を呼んでコーチングをすることもあるが、ほとんどはコーチと選手のやり取りを見ていることになるだろう。監督は、選手が主体性を学ぶための環境設定や、選手が主体性を獲得するための質の高いコーチングを担うコーチの育成環境を整えることが仕事になる。

監督は、自分ひとりではできない仕事だ。チーム力を高くし、常勝チームにするためには、選手を中心として、さまざまな人がサポートに携わらなければならない。その中心となるのが、中間管理職たるコーチなのだ。

私が前著『最高のコーチは、教えない。』で伝えたかったのは、**コーチが選手の主体性を育むサポートができれば、選手は自ら勝手に成長していくということだ。**監督は、その環境を手厚くサポートするだけでいい。

チーム力を高めるには、観点の異なるさまざまな意見が必要だ。監督ひとりの考えを推し進めるだけでは、チームにレジリエンス（しなやかな強さ）は生まれない。

私がピッチングコーチ時代は、監督に意見を言いすぎるぐらい言っていた。嫌がられているのはわかっていたが、だからといって意見を言うことはやめなかった。それは、選手のことを第一に考えていたからだ。選手にとってデメリットになることは、たとえ嫌われても言わずにはいられなかった。

しかし、私と同じように監督に意見を言うコーチはほとんどいなかった。監督が示した方針に基づき、監督から提示された役割を理解し、それを選手に向けて実践するのがコーチとしての仕事だと思っている人が多い。監督の考えに疑問を持っても、それは違うと言える人はいなかった。

私は、コーチが自分の考えをのみ込むことが選手やチームにとってむしろマイナスになると思っていた。もちろん、決めるのは監督だ。コーチが意見を言っても、採用されるかどうかはわからない。それでも、意見を言うところまではコーチの権利と義務だ。その権利と義務を放棄するのは、職務怠慢である。逆の立場になった今、コーチ自身が言いたいこと、言わなければならないと思ったことを言える環境を構築したい。

チームには、さまざまな分野に従事する人が集まる。専門分野では一流の仕事ができる人たちである。彼らの意見を監督が集約し、自分の考えに反映させるのは当然のことだろう。しかし、それだけではまだ偏りは払しょくできない。それぞれの分野のプロフェッショナルが、ほかの領域についても考えることで、新たな意見が生まれる。その斬新な考えを監督が取り入れ、熟考することで、新しい何かが生まれる可能性がある。

だが、多くの人は、ほかの領域に対して、その領域の専門家と同じようなレベルで知識や経験を持たない。だから、専門分野以外の領域に踏み込むことを躊躇する。反対に、自らの専門分野を侵犯されることも、極端に嫌がる。その結果、自分の専門領域以外のことについて思考を巡らすことがなくなっていく。

これでは、新たな意見は生まれない。監督がやるべきことは、知識や思考のレベルの違いがあったとしても、**臆さずに意見を言える環境を構築する**ことである。チームを強くするために、専門家と専門外の人が意見を戦わせるようになれば、チームの思考が活性化するだけでなく、さまざまな選択肢が増え、選手にとってのメリットが生まれる。

もちろん、素人が専門家に直接意見をするのは避けたほうがいい場合もある。そのときは監督が間に入って意見を集約し、チームの戦略や戦術に反映させればいい。

これを実現するために私が実行したのが、のちに詳しくお話しするシーズン前の全体ミーティングである。チームの課題について、領域の垣根を取り払って意見を出し合って方針を決めていった。

このミーティングを開くときに参考にしたのが『システム×デザイン思考で世界を変える』（日経BP）という本である。慶應義塾大学大学院システムデザイン・マネジメント研究科の前野隆司教授が書かれたもので、物事をつくり上げていくためには、データと経験をうまくミックスさせて新しい思考を生み出さなければならないと説いている。

この本を知り合いの医師の方にいただき、読んでみて共感を覚えた。さまざまな人の意見が聞けて、みんなで課題について話し合えれば、斬新で効果的な意見が出てくるかもしれない。野球をやったことがない栄養士の女性に、2022年のチームの反省点や課題について聞いたら、野球経験者にとって新たな気づきがあるかもしれない。

そもそも、同じことを繰り返していてもチームは同じようにしか進まない。私は、監督就任とともにチームを壊してやろうと思った。チームを一度壊さない限り、新しいものは生まれない。常勝チームに生まれ変わるきっかけがつかめないと思ったからだ。

ただ、いきなり壊しにかかるのはあまりにも乱暴すぎる。そこで、まずは従来関わったことがなかった人の意見を聞き、そこから方針を決めようと考えた。むろん、監督の強権と独断でやろうと思えばできる。しかしそれでは、ただ壊しているだけになってしまう。生産的な壊し方をするには、さまざまな人のさまざまな意見を聞き、そこから新しい考えを引き出していくのが効果的だと理解していた。

言うまでもなく、監督である私の考えもある。監督として、これまでの人と違う色を出したいという思いもある。何かを残したいという欲望もある。ピッチングコーチ時代もそう思うことがあった。

だが、それでは選手がハッピーにならないことに気づいた。だからこそ、選手のため、チームのためになり、なおかつ新しいことを見つけたい。そのひとつの方法が、さまざまな人の意見を聞き、みんなで話し合って決めていくやり方である。

もちろん、私が考えていたものと違う方向に行ってしまうこともある。その場合は、みんなで決めたからといって鵜呑みにする必要もない。もう一度自分で考え、それでも納得できなければ、再びみんなに提案する。

「いろいろ考えたけれど、私はこう思う。どうかな?」

それでもみんなの意見と自分の意見が異なれば、自分の方向を変えるかもしれない。あるいは、自分の考えで最終決断するかもしれない。

重要なのは、さまざまな人の頭を通じて、意見を揉んでいくことだ。ひとりの頭で揉むより、**大勢の人の頭で揉んだほうが、意見は成熟していく。偏りもなくなる。**監督ひとりの考えは、多くの人の知恵を集めた意見にはとてもかなわない。

スタッフ部門だけでなく、選手間でも意見を言い合える環境もつくりたい。ピッチングコーチ時代、内野手にこうお願いしていた。

「ピッチャーの様子がおかしいと気づいたら、マウンドに行ってあげてほしい」

言うべきことがあれば言い、声をかけなくてもいい。

「とにかく、ピッチャーをひとりにしないでほしい」

試合進行の遅延を避けるため、キャッチャーが試合を中断してマウンドに行ける回数は決まっている。困っているとき、雰囲気や流れが悪いときは、少しでも時間を取ってくれるとピッチャーの心理負担は変わる。その役割を、キャッチャー以外にも担ってほしいという狙いがあった。


勝利という目的のために、選手個々ができることを持ち寄る。そのためには、勝利という目的のために最適な行動を、主体的に考えて編み出さなければならない。

そのとき、違う意見がぶつかり合うこともある。その衝突は、目的に向かって主体的に考えている証である。

そのような経験を繰り返していくと、野手が投手の置かれた状況や気持ちを理解するようになっていく。最終的には、監督が何も指示しなくても、ファースト、セカンド、ショート、サードがマウンドに行き、最適な声がけができるようになっていく。

衝突することが最適であれば、喧嘩をすればいい。優しく声をかけて落ち着かせるのが最適であれば、それをやればいい。

何が最適か。それを一人ひとりが主体的に考え、実際に行動できるようになってほしい。その域に到達するまでは、監督が選手を導く必要がある。

それぞれの分野のプロフェッショナルが
ほかの領域についても考えることで、
新しいアイディアが生まれる。

第2章　チームの「土台」をつくる

コミュニケーションをチームの土台にする

監督は、与えられた選手、与えられたコーチで戦わなければならない宿命を持つ。本音を言えば、自ら選手とコーチを集めてチームを組み立てたいとは思う。しかし、それができないのが現実だ。**与えられた条件で結果を出さなければならない**のは、野球だけではなく、すべての組織について言えることだ。

そこで、私は監督就任とともに改めてマリーンズの戦力分析を行った。

ピッチングコーチで3年、ピッチングコーディネーターで1年、合計4年間にわたってチームをそばで見ていて確信したのは、マリーンズは「守りのチーム」であるということだ。とくに、ピッチングスタッフの充実、とりわけリリーバーを整備しなければならないと結論づけた。

先発ピッチャーの駒も不足していた。シーズンは長く、試合の半分以上を先発ピッチャーが投げることを考えると、先発ピッチャーの駒を揃えるのが先決と考えるのが一般的である。言うまでもなく、先発ピッチャーが安定すると、チームが勝つ確率は高くなる。それでも、就任時点ではリリーバーの整備が急務だと考えた。

野手については、長打力が不足していた。レギュラー選手にベテランが多かったこともあり、長打を打てる若手をどうやって育てるかがポイントになると考えた。名前を挙げると、22歳（当時）の山口航輝選手と、23歳（当時）の安田尚憲選手である。山口選手の2022年は、ホームラン16本、長打率は4割3分だった。一方の安田選手はホームラン9本、長打率は3割9分7厘である。長打を狙う選手は打率が低い傾向にあるので、2割5分ぐらいの打率でもホームランを20本打ってくれれば、長距離打者としては合格だ。

しかし、そのレベルに到達するには、二段階も三段階も成長しなければならない。これは井口資仁監督時代からの課題でもあり、マリーンズの永遠の課題でもある。

そのうえで、チームの「土台」を考えたとき、まず挙げられるのは体力である。1シーズン乗り切れる体力がないと、強いチームはつくれない。故障者が続出すると、いくら能力の高い選手が揃っていても、戦力にはならない。感覚的には、体力はチームの土台の過半数を占める。

そのほかに、戦略、戦術、選手のスキル、選手のメンタルなどがある。いわゆる心技体である。そうしたチームの土台となる要素をより良い状態にしていくためには、いくつかの要因がある。なかでも、もっとも重要なのがコミュニケーションだ。

体力、スキル、メンタルなど、選手に関わる部分については、すでにお話しした主体性を育むことで、自ら考えられるようになる。考えたことを言語化し、それをコーチや監督と共有することが推進力になり、軌道修正も可能となる。その意味で、選手と監督・コーチのコミュニケーションは必須となる。

戦略、戦術については、最終的には監督が意思決定する。しかし、前章でお話ししたように、監督ひとりでやろうとしても意思決定の質は下がる。そこで必要なのが、さまざまな人と意見を戦わせることだ。それによって、最適かつ最上の意思決定ができる。これを実現するときにも、コミュニケーションが欠かせない。

つまり、**チームを構築するうえで、チームを強くするうえで、いずれの場合も必要なのがコミュニケーションと言える。**

コミュニケーションが不十分でも、技術が優れている選手が多ければそれなりに強いチームがつくれるかもしれない。だが、最後の最後に勝つのは、チームを構成するメンバー全員がほかのメンバーを熟知し、リスペクトし合い、影響を与え合う組織だ。コミュニケーションが豊かなチームは、より強い組織になれる。

強い組織として結束するには、当然ながら心技体が揃っていなければならない。優れた戦略、戦術がなければならないし、そもそもチームが目指している目的が共有され、納得していなければならない。技術や能力だけで8割方は勝てたとしても、そのレベルを10にまでは持っていけない。

選手たちには主体性を求めているのだから、自分で意思決定したことを尊重したい。そのためにも、コミュニケーションを密にしておかないと、勝手に自分で決められて、勝手な方向に進まれてもチームは前に進んでいかない。つまり、自己決定を尊重するうえでもコミュニケーションが必要になる。

選手が監督やコーチを信用することも、チームの結束を強めることにつながる。そのためにも、コミュニケーションが必要だ。信頼関係がなければ、選手は監督やコーチに本当のことを言わない。選手たちの「嘘」を信じて戦略、戦術を構築しても、実際にプレーする選手の調子も上がらなければ、最悪の場合は故障させてしまう。

そう考えると、チームのすべての源になるのが、コミュニケーションと言っていい。

チームの強さの源は
コミュニケーションである。

全体ミーティングという名の化学反応

チームの土台を構築するうえで欠かせないトピックは、２０２３年シーズン開幕前に行った全体ミーティングである。マリーンズの課題を洗い出し、２０２３年シーズンをどのような意図で臨むかという方針を検討した。

２０２３年1月10日、はじめての試みとなる全体ミーティングには、さまざまな部門のスタッフが集まった。

出席者は監督、コーチ、メディカル部門のトップ、ストレングス部門のトップ、スコアラーのトップ、データアナリストのトップである。球団職員としてマネージャーも参加した。総勢およそ30人といったところだ。

通常、こうしたミーティングは監督とコーチだけで行う。なぜなら、野球界には「野球をやったことがないのに意見を言うな」という無言の圧力があるからだ。しかし、**監督とコーチだけで開くミーティングでは、新奇性の高い意見は出てこない**と思っている。それを乗り越えたいという思いから、監督、コーチ以外のスタッフにも参加してもらった。

加えて、チーム全員が参加している感覚を共有したかった。選手、監督、コーチだけでなく、チーム運営に関わるすべてのスタッフに参加してもらい、自分たちのチームであることを強く意識してほしかった。この共有がないと、チームは決して強くならない。

ミーティングは、まずデータ班のスタッフに「何が良かったか」「何が悪かったか」「他球団との比較」などを客観的に説明してもらった。その後、5人ずつ6グループに分かれて各人が抱いている課題を挙げ、チームを良くするためには、どの課題に集中すればいいかについて、30分にわたって話し合ってもらった。

見ていると、非常に活気にあふれる話し合いだった。大学院やビジネスの研修などではよく見られる手法だが、野球界にはあまりなじみがない。ほとんどの参加者がはじめての体験だったが、慣れないなかでも真剣に取り組んでくれた。それは、全員に「チームを良くしたい」という熱があるということだ。

グループ内で意見を集約し、合意が得られたものについて、ピッチャー、バッター、守備、走塁など、項目ごとに色分けされた付箋に書いてもらう。それぞれのグループが書いた100枚ほどの付箋を、2軸4象限のマトリックスに貼ってもらった。

横軸右「即時的に改善できる」
横軸左「改善まで時間がかかる」
縦軸上「チームにとって重要度が高い」
縦軸下「重要度はそれほど高くない」

この4象限をまとめると、次のようになる。

右上「**即時性があり、チームにとって重要度が高い課題**」
右下「**即時性はあるが、重要度はそれほど高くない課題**」
左上「**改善まで時間がかかるが、チームにとって重要度が高い課題**」

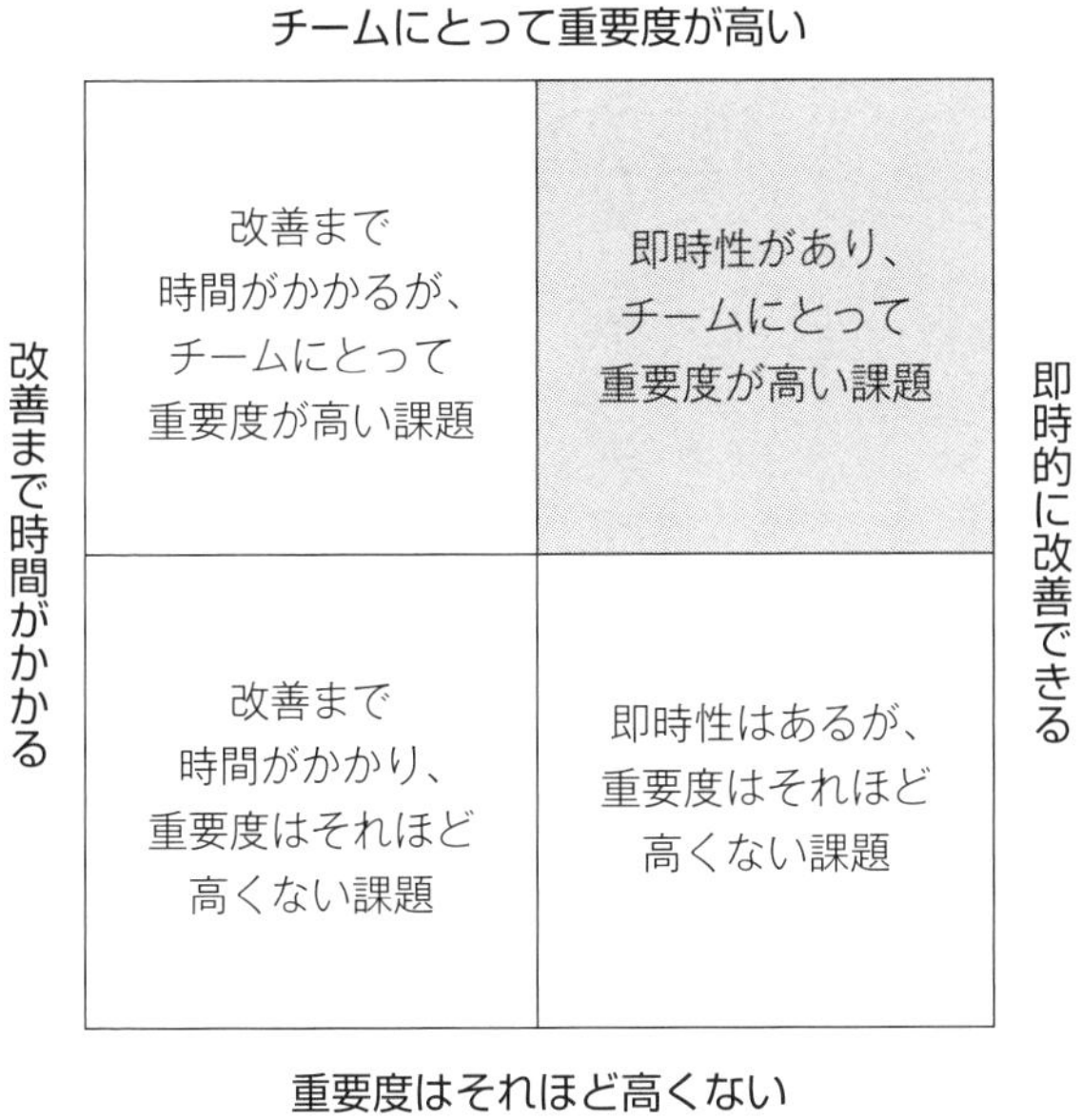
チームにとって重要度が高い
改善まで時間がかかるが、チームにとって重要度が高い課題
即時性があり、チームにとって重要度が高い課題
改善まで時間がかかる
即時的に改善できる
改善まで時間がかかり、重要度はそれほど高くない課題
即時性はあるが、重要度はそれほど高くない課題
重要度はそれほど高くない

左下「**改善まで時間がかかり、重要度はそれほど高くない課題**」

どれもチームにとっては改善すべき課題だったが、すべてに取り組むのは難しい。そこで、2023年は右上の「即時性があり、チームにとって重要度が高い課題」を、チームの方針として指導していくこととなった。

約2週間後の1月23日、1月10日のミーティングで出た意見をもとに、2023年シーズンに取り組む目標、方向性を話し合った。目標にしたのは、次の3項目だ。

1　長打の打てる選手の育成

2　先発ピッチャーをシーズンを通して活躍させる

3　根拠のある起用をする

1について、長打力のある選手を育てるのは、短期ではできない。とはいえ、スタッフみなが課題と感じていることだったので、育成は長期で行いつつ、戦術的に対策することで課題の解決を狙った。たとえば、狙い球を絞ることなどがその例だ。

2022年、チーム全体の長打率はパリーグ6球団で最低の3割4分2厘という数字だった。しかも、２０２１年の数字（3割7分9厘）から悪化しているので、慢性的な課題として続いている。

２は、コンディショニングの面である。先ほどお話ししたように、試合の半分以上を投げているのは先発ピッチャーだ。試合に対する影響力という意味では、長く投げている先発ピッチャーのほうが、勝敗に与える影響は大きい。

先発ピッチャーは、登録枠の関係で、常時６人から７人が一軍に登録される。先発ローテーションはそれで回せるが、故障や調子の良し悪しなどを考慮すると、代わりのピッチャーがあと２、３人はほしい。シーズン通して10人ほどいれば安定する。しかし、２０２３年も最後はローテーションピッチャーが３人になってしまい、なんとか２位に滑り込めたというレベルだった。

シーズン通して先発ローテーションを守ることは、肉体的な負担が大きい。調子を落とすこともある。それを乗り切ってシーズンを投げ切れる先発ピッチャーを確保するためには、余計な球数を投げさせないことが重要になる。

たとえば10対０で勝っている試合で、最後の８回、９回まで先発ピッチャーを続投させて、完封を狙わせる必要はない。完全試合やノーヒットノーランが見込める場合は話は別だが、完封させることにあまり意味はない。

トレーナーの判断になるが、ピッチャーの回復に時間がかかるのであれば、ローテーションを1回飛ばすなど、コンディションに注意しながら回していく。一度登録を抹消すると、10日間は一軍に戻れないルールがある。ローテーションを一度飛ばす場合は、代わりのピッチャーを投げさせなければならない。しかし、代わりに投げられる先発ピッチャーが二軍から上がってこなかった。その意味で、先発ローテーションピッチャーのコンディションを1年間維持することに加え、先発ローテーションのバックアップとなる二軍の若いピッチャーの育成も、今後の課題に挙げられる。

3は選手のモチベーションを維持する、あるいは高めるためのものだ。具体的な名前は伏せるが、2022年に起用に納得できない選手がいたという課題が出た。たしかに打順を変えるのも、データ面から見て「この並びが点が入る可能性が高い」という説得力がないといけない。何の脈絡もなく、ただ雰囲気で言っているわけではないことを、しっかりと選手に伝える必要がある。

即時性があり、
重要度が高い課題から取り組む。

偶然のコミュニケーションを創出する

監督として、全体を把握するコミュニケーションとして気をつけているのは、機会を見つけて選手と話をすることだ。野球の話だけでなく、雑談でも挨拶だけでもいい。機会さえあれば会話はできる。コミュニケーションを取りながら、選手の様子を見て回る。

監督が**直接現場に足を運び、選手を見る行為は重要**である。それは、コーチやスタッフに対しても同様である。理想を言えば、球団に関わるすべての人と話をしたいが、なかなか全員というわけにはいかないので、時間の許す限り話しかけるようにしている。

組織のトップをイメージすると、忙しくて時間もないこともあり、あまり現場の人たちと話をしない印象がある。私は、その弊害をずっと感じていた。

野手出身の監督は、ピッチャーとあまり話をしない。おそらく、ピッチャーのことがわからないため、何を話していいかわからないからだろう。練習中にピッチャーのところに足を運んで話をしている姿をあまり見たことがない。

対して、野手のバッティング練習では話をしている。もちろんピッチャーとまったくコミュニケーションを取っていないわけではない。ピッチャーがブルペンでピッチング練習を行うときなどには顔を出してなんとかコミュニケーションを図ろうとしている。

反対に、ピッチャー出身の監督が野手のところに話をしにいくのはハードルが低い。少なくとも、私は何の支障もない。それは、ピッチャーが野手の研究をしているからかもしれない。選手のロッカールームにもズケズケと入っていける。

監督が選手のロッカールームに入っていくという話は、あまり聞かない。私はコーチ時代から日常的に行っていたので、選手たちもそれほど違和感を覚えていないようだ。

監督は球場にいるとき、監督室に食事を運んでもらうことが多い。栗山監督や井口監督もそうしていた。すべての球団関係者が利用できる食堂には行かない。監督が食堂にいると、選手が気を遣うのではないかと「気を遣って」いるのが理由だ。

しかし私は、お腹が減ったら食堂に行く。選手たちが座っているところへズケズケと入っていく。食事をしながら会話が生まれるかもしれないし、選手の食事の様子を見渡せば、しっかりとした食事をとっていない選手がわかるかもしれない。

「もっと食えよ」

そんな軽い話でも、立派なコミュニケーションになる。基本的に、誰かと連れ立って食堂に行くことはない。ほとんどひとりだ。誰かと行くとその人としか話せない。**偶然のコミュニケーションができない。**

ウエイトトレーニング場にも行く。自分のトレーニングという名目もあるが、選手は雑談をしながらトレーニングに取り組んでいるので、その話に聞き耳を立てる。そのときに聞いた話が、コミュニケーションのネタになることもある。

いつも自然にいるので、選手は私の存在にほとんど気を取られていない。監督がいることを意識していないため、油断してさまざまな話題で盛り上がっている。監督の存在を意識したら話せないようなことも口にする。ピッチングコーチ時代からずっとそうしているので、それが成り立っているのだと思う。

コーチやスタッフとのコミュニケーションも、同じように回数を重ねる。コーチの場合はコーチ室に入り込んでいく。アナリストとの雑談も、アナリストの部屋に行く。トレーナーとの会話は、トレーナー室に行って「ちょっと腰揉んでよ」と言いながら、いろいろなことを話す。このように、私はコミュニケーションの機会をつくることを重視している。

場合によっては、監督室に呼んで1対1で話をすることもある。**その選手が人に聞かれたら嫌がるような話題は、必ず1対1で話す。**監督のなかには、ほかの選手がいるなかで叱り飛ばす人もいるが、選手はプライドを傷つけられるのをもっとも嫌う。コミュニケーションを取るうえでの最低限のマナーだ。監督と選手というパワーバランスが圧倒的に違う間柄だからこそ、マナーは守らなければならない。

ただ、球場外でのコミュニケーションは取らない。よくあるのが、選手を誘って食事や酒席に行くことだ。現役時代、私が好きではなかったこともあるが、球場を出てまで選手を誘うことはない。

理由は2つある。ひとつは、プライベートまで監督に付き合わされるのは、選手にとって迷惑でしかないからだ。監督の訓示を聞きながら食べたり飲んだりしても、ちっともおいしくない。もうひとつは、特定の選手を「えこひいき」することになるからだ。監督はすべての決定権を持っているだけに、公平性は必ず担保しておかなければならない。

万が一、選手を食事に連れて行くなら、全員を連れて行く。その点は、ピッチングコーチ時代から気をつけていた。ほかのコーチを見ていると、選手を連れて食事に行っている光景をよく見る。懇意にすればするほど情が移り、厳しいことを言わなければならないときに言えなくなることもある。

そして私は、こちらから「行く」コミュニケーションと、こちらに「呼ぶ」コミュニケーションを使い分けている。

監督と選手、監督とコーチ、コーチと選手などの間には、社会的なパワーバランスが厳然と存在している。パワーバランスの強者から呼びつけられると、どうしても本当のことが言えなくなる。緊張感から「はい、いいえ」としか言わなくなる。

コミュニケーションによって情報を引き出そうとするならば、こちらから出向いて相手のテリトリーに入り、相手が気楽にコミュニケーションができるように配慮すべきだ。

相手のテリトリーに出向いて
コミュニケーションを取る。

話す内容を吟味する

コミュニケーションでは、話し方や話題の選び方にも気をつけている。

関西人である私の悪いところは、会話の導入をふざけながら入り、間は真剣な話をしても、最後にオチをつくりたいと思ってしまうところだ。最近の若い選手は、私の冗談にまったく反応してくれない。この悪習をやめなければならないとは思っているが、どうしても長年の習慣からは抜け出せない。

ただ、そのほうが選手が話しやすくなるとは思っている。相手のテリトリーに入ったとしても、そこで堅苦しい雰囲気になると、選手は本音を語らない。コミュニケーションでは「場」のつくり方が重要だと思うので、できるだけリラックスした雰囲気になるように心がけている。

私は、昔からコミュニケーションが得意なタイプではない。今でも、20歳ぐらいの選手と話をするときは緊張する。話の切り出しがぎこちなくなり、それを感じ取った選手も固くなり、話が弾まないこともある。

そんなときは、若い選手とベテランをセットにする。ベテランに向かって話題を振りながら「おまえはどう？」という「ついで」のようなかたちで会話をつなぐ。なかなか難しい作業になるし、もともと初対面の人のなかに入っていくのが苦手だったので、あえて自分自身に鞭を入れながらやっているところもある。

ポジションや年次によるコミュニケーションの違いも意識する。

ピッチャーに対しては、私の専門領域であり、マリーンズのピッチングコーチも経験しているため、その延長線で話ができる。監督になって決定権を持ったので、戦略や戦術については、コーチ時代より明確に話せるようになった。おそらく、選手もそれをわかっているから、コミュニケーションの影響力は大きくなっている。

戦略、戦術の決定権を利用することもあるが、それは押さえつける狙いではなく、その選手をもっと活躍させたいと考えるからだ。

「こんど、おまえを良い場面で使うからな」

その可能性を意識させることで、選手の主体性を開花させたいのだ。

逆のケースはやらない。

「こんど失敗したら二軍行きだぞ」

その言葉は、選手を委縮させる。私のコミュニケーションは、選手の主体性やモチベーションを上げるためにしか使わない。モチベーションを上げてあげないと、選手は練習に身が入らない。報酬をもらい、仕事として野球をやっているプロフェッショナルでも、モチベーションの振れ幅は大きい。それは、ビジネスパーソンがモチベーションの振れ幅が大きいのと変わらない。


一方、野手など私にとって専門外の選手たちとのコミュニケーションは、自分が経験していないため、どこまで踏み込んでいいか迷うことがある。雑談で選手から言葉を引き出したとしても、それを咀嚼して理解するのも難しい。そうなると、客観的な数字、データ面で話をすることが多くなる。選手のことを理解できるように、こちらの言うこともわかってもらえるように、科学的なデータを技術に落とし込めるように、うまく伝えようと試行錯誤している。理想とするコミュニケーションとはやや異なるが、専門外の場合はやむを得ない。その意味で、専門外の分野はコーチに多くを期待する。

ただ、仮にコーチと選手のコミュニケーションがうまくいっていて、その報告が監督に上がってきても、私は選手とのコミュニケーションは継続して行う。なぜなら、選手が何度も言語化することは、主体性を定着させるうえで効果的だからだ。自分のパフォーマンスを角度を変えて表現するためには、専門外の監督の出番でもある。

2023年、キャプテンの中村奨吾選手の調子が上がらなかったことはすでにお話しした。そこで、中村選手とは何度か話をした。しかし、30歳を超えるベテランは、本当のところを言いたがらないように思えた。

本人が言わない部分もあるが、本人がわかっていないという場合もある。質問を重ねれば、思わず口をすべらせることもある。ひと言が出れば、そこから一気に噴き出す可能性もないわけではない。諦めず、しぶとく質問するしかない。そういう意味で、コミュニケーションは量も重要である。

もちろん、最低限の質は問われる。とくに、パワーバランスが上位の監督やコーチが話しすぎてしまうと、選手は口を開かなくなる。質問する側は余計なことを話さず、選手に語らせるように仕向ける質問力が求められる。

質問は、選手の「状態」を知ることが目的だ。そして、質問によって選手に「自己客観視」をさせることが真の狙いである。そこで、とにかく選手に「語らせる」質問をすることが重要になる。


「今日のプレーで良かったところはどこ?」

「点数をつけるなら何点?」

「悪かったところはどこ?」

「その原因は何?」

「それを解消するために、次は何をしたい?」


質問の過程で、決して相手を否定してはならない。監督やコーチが、答えを押しつけてもいけない。すべての根底には、選手の主体性を育てることにある。

否定や押しつけから、主体性は生まれない。選手との信頼関係も生まれない。主体性がない状態では、選手は自分の本当の姿に気づかない。信頼関係が構築されていない状態では、選手は本当のことを話さない。だからこそ、質問が重要なのだ。

コーチ時代は、自分の振り返りを録音していた。それを聞いていると、的確なタイミングで的確な質問ができていないことがわかった。しかし、聞いてみないと気づかない。録音するのが難しい場合は、第三者の意見を聞くことが必要だ。私も、選手とコーチによる振り返りを聞くことがあるが、すぐに答えを言ってしまうコーチが多い。

「しゃべりすぎやぞ」

そう指摘する。コーチは「教えなければならない」と思ってしまうからだ。むろん教えなければならないレベルの選手もいるが、コーチは選手の技術を引き出す役割だ。**教えるより、気づかせて引き出す。**その手助けをするのがコーチの役割である。それは、監督の役割でもある。

しかし、その役割が監督とコーチの仕事であることは、あまり日本人に浸透していないようだ。指導する。教える。まとめる。引っ張る。マネジメントする。これが仕事だと思っていて、それに見合った対価をもらっているから頑張る人が多い。

「そうじゃなくて、教えないのが仕事だよ」

そうアドバイスすると、何もしなくていいのかと飛躍する。だが、選手に教えなくてもコーチの仕事は無限にある。そこが、教える側はわかっていない。

選手は、あたかも自分ひとりの力でうまくなったと思ってくれたほうがいい。監督やコーチによって引き出されたことに気づかないうちに「俺ってすげえ」と思ってほしい。しかしいつかは、実際はコーチングによって気づかされた結果、うまくなったことを自覚してほしい。そう思うことで、主体性が伸びる。主体性が伸びれば、やがて本当に自分の力だけで成長できるようになる。

自分はコーチに教わったからうまくなったわけではない。今、第一線で活躍している選手のほとんどがそう思っているのではないか。そういう選手がコーチや監督になっていけば、自分はこうやってうまくなったと選手に押しつける。コーチに気づかされたことを自覚していないので、自分がコーチになったときに選手に気づかせることができない。

コーチに「教わった」選手は、そのコーチが良かったと思っていない選手が多い。コーチになってコーチングの勉強をしたとき、はたと気づく。私もそうだった。名選手が優れた経験を持っているから、優れたコーチになると球団フロントは思っている。しかし、実はそうではない。

選手に気づかせることの重要性をお話ししてきたが、すべてのケースでそうだというわけではない。ビジネス社会でもフィードバックの難しさが議論されているように、一朝一夕にできるものではない。

しかし、選手が気づくまで待っていたら、シーズンが終わってしまう。戦略的にその選手を起用したい場合、気づいてくれたら行動が変わり、成績が上向いて起用できるかもしれないが、そこに到達する前にシーズンが終わってしまっては意味がない。結果にフルコミットする監督の立場に立つと、そうも言っていられない場面がある。

理想は、あくまでも選手自身が気づき、選手の主体性でやることだ。しかし質問を重ねても気づくまでに時間がかかって仕方がないときは、こんな言葉をかける。

「こんなこともあるけど、どう思う?」

提案のかたちをとったアドバイスだ。それでも、まずは選手の話を聞かなければならない。うまくいっていないことがわかっていて、それを否定してしまうと、選手はヘソを曲げる。だから、選手の話を肯定したうえで「こんな方法もあるけど、やってみない?」と水を向けていく。

筑波大学出身の高校野球の監督がこう言っていた。

「コーチングは凧揚げみたいなもの。揚げるときは糸を思い切り引っ張ってあげなければならないが、揚がってからは、風向きによって変な方向に行かないように、微調整するだけでいい。そういうイメージでコーチングするといい」

これは良い例えだ。

ただし、すぐにアドバイスしてしまうと、選手が主体性を育む邪魔になる。言いたいけれども我慢、伝えたいけれども我慢、提案やアドバイスをするタイミングを我慢し続けるのは変わらない。それでも、選手が何度か失敗を重ねたタイミングを見計らってアドバイスを送る。その対応は、選手個々によって異なる。どのタイミングがいいか、正解はない。

経験的に言えるのは、選手が本当に困っているときだ。そのタイミングを逃さなければ選手に響き、アドバイスを聞いてみようと思う。とはいえ、選手が本当に困っているかどうかを見極めるのは難しい。だからこそ、日常的なコミュニケーションが重要なのだ。そのときの会話の内容、表情、プレーなどを見て総合的に判断する。

選手の「状態」を
知ることこそが
質問の目的だ。

相手の個性に響くコミュニケーションとは

①ベテランとのコミュニケーション

ベテランで実績を挙げている選手は、困ったときでも自分で何でも解決しようとする。自分のやり方が確立されているため、調子を落としてもなかなか本当のことを言わない。人にもよるが、自分で解決したい選手もいる。混乱していることを悟られたくない選手もいる。本当に何をすればいいかわからなくなってしまう選手もいる。ベテランはプライドがあるから、自分の口で語らせるのは難しい。

その場合でも、根気強く語ってもらうための質問をする必要がある。それを繰り返しているうちに、やがて口を開くかもしれない。

ダルビッシュ選手のような主体性が突出したベテランになれば、基本的には放っておいていい。むしろ、あえてコーチに質問してくることがある。

多くの場合、ベテランは自分の答えを持っている。その質問は、コーチを試すためのものだ。この人は、この質問に何と答えるだろうか。その答えによっては、二度と口をきいてもらえなくなる。そのベテランにとって的確な答えを提示できなければ、信頼を失ってしまうからだ。

その質問に対して、監督やコーチは準備をしておかなければならない。**信頼できる答えを提示できれば、信頼関係が生まれ、その後のコミュニケーションが始まる。**それまでの対応が嘘だったかのように、あらゆることを話してくるようになる。そこには、もちろん自分のパフォーマンスも含まれるが、チームの若手で気になっている選手のことも代わりに言ってくれる可能性もある。

「あいつ、ちょっと悩んでいますよ」

ベテランはチーム全体を広く見ることができ、若手の様子にも目を配れるからである。

ここまでの関係を築くには、ベテランをよく観察しておかなければならない。ベテランから突然飛んでくる質問に答えるには、観察していなければ答えの出しようがない。ただし、本当にわからないときは「わからない」と言ったほうが信用を得られる。いい加減なことを言うと、ますます信用を失う。

採配の面で迷っているときに現場の選手に本音を聞いてみると、考えが晴れることが少なくない。フラッと選手のロッカールームに入り、こう言ったこともある。

「今、こういうことで迷っているんだけど、どう思う?」

このとき、若い選手には聞かない。経験を積んだベテランに聞く。その答えによって踏ん切りがつくこともある。あるいは、次の対戦相手のローテーションで迷ったとき、ベテランのキャッチャーに意見を聞く。

「今、こいつとこいつで迷っているんだけど、どう思う?」

「このピッチャーは、調子が悪くても配球の工夫でなんとかなるので、いけますよ」

ベテランであれば、かなり正直に言ってくれるので、その意見で決意することもある。さらに迷ってしまうこともある。最終的に決断するのは監督である私の仕事だ。

ただ、選手に意見を聞いて選手の意見で決めたことにすると、その選手に責任を負わせることになる。それだけはやってはならない。

選手からの質問に対して、
監督やコーチは常に
準備をしておかなければならない。

②若手や協調性が低い選手とのコミュニケーション

若手など協調性が低い選手は、自分の都合しか考えないことが多い。チーム全員で頑張らなければならないときに、そこには参加せず、自分のやりたいことをやる。これは、ビジネスの現場でもよくあることだという。難しいケースだが、これは「監督と選手」ではなく、「先輩と後輩」として話すようにしている。人はそれぞれの価値観があるので、強制はしにくい。通常はしないが、経験談として話すことぐらいしかできない。その話が選手にどう響いてくれるかわからないが、黙って待つしかない。

あまりにも度が過ぎるようなら、二軍に落とすかクビにせざるを得ないだろう。それがチームであり、それが報酬をもらって仕事をしている社会人の常識である。

最近は、そういう選手が増えている印象がある。第1章で書いたように、根底にあるのは学校教育の変化にあると思う。クラブ活動では指導者の過度な強制ができないので、みんなで頑張ろうという雰囲気にならないのかもしれない。

少し違う話になるが、佐々木朗希投手がコンディション不良で2023年のクライマックスシリーズのファイナルステージに投げることができなかった。体調が正確にわかるのは本人だけなので、トレーナーサイドと協議して投げられないと判断したのだから仕方がないことだと思っている。

ただ、優勝に手がかかっている試合では、多少、状態が悪くても投げる。多くのピッチャーには、そうした感覚がある。私の感覚もそれと同じだ。むしろ、監督やコーチのほうがそれを止める役割だった。シーズン終了してすぐのタイミングで佐々木投手と話した。

「無理かどうかは、一度やってみなければわからない。そういう気持ちにならないと、前に進まないときがきっとくるよ」

そのうえで、私は佐々木投手の意思を確認した。

「2024年シーズンは、こちらが考えたスケジュール通りにやれるか？」

佐々木投手は、こう答えた。

「はい」

「どうしたら、活躍できるかな？」

「1年間、ちゃんとローテーションを守って、数字的にも160イニングぐらいは投げないといけないと思います。それを2、3年続けないと、無理だと思います」

佐々木投手は、自身の現状をしっかり把握している。日本のプロ野球で、先発ピッチャーが年間160イニング投げられたら、かなり頑張っているといっていい。メジャーに行く前の山本由伸投手で、164イニングだった。

佐々木投手は入団からこれまで、トレーニングや試合に登板するときの体調も、本人の感覚を最優先にしてきた部分はたしかにあった。しかし、ほとんどの選手はそうではない。とくに終盤、優勝がかかった試合では、壊れても投げると言ってくる選手のほうが多い。もちろん、故障しては元も子もないので、そこまではやらなくていい。ただ、それぐらいの気持ちで投げてほしいという「感情論」は持っている。

その思いが、チームの協調性にもなってくる。故障しているのを隠してまで投げてほしくはないが、プロ野球選手で年間を通して体調万全の選手は、ほとんどいないだろう。体調が悪くても出場できる範囲内であれば、出場を直訴するぐらいの強い思いを持ってほしい。それがなければ、いくら能力があっても大きな舞台では通用しないのではないか。もちろんこれは、佐々木投手だけではなくほかの選手にも言えることではある。佐々木投手に限らず、若い選手たちには強く熱い気持ちを持ってほしいと思っている。

ときには「監督と選手」ではなく、
「先輩と後輩」として話す。

③専門スタッフとのコミュニケーション

監督だけで選手のコンディションを把握するのは困難だ。トレーナーにも協力してもらわなければならない。ただ、その部門が強くなりすぎると、先ほどのような「無理をしなさすぎるチーム」になってしまう。残念ながら、それではチームの強さが削がれていく。

トレーナーは、メディカル部門とストレングス部門から成っている。そこがうまくバランスを取らないと、肉体を強くする視点が弱くなる。

「この状態で投げたら、絶対に故障するのでやめてください」

選手に対する適切な視点であればともかく、選手を守るほうにばかり振れると、選手も強くならない。トレーナーにそう進言されると、監督、コーチは起用するとは言いにくくなる。そこで、**メディカルとストレングスの力のバランスをうまくコントロールしなければならない。**そのときも、コミュニケーションが欠かせない。

選手の状態は、基本的に書面と口頭でレポートしてくれる。その報告で少しでも気になったところがあれば、あとで詳しく聞きに行く。

プロ野球は、技術向上はもちろんのこと、コンディションが整わないと、選手は高いパフォーマンスを発揮できない。日々、ビジネスでパフォーマンスを最大化するビジネスパーソンも、程度の差こそあれ、それは変わらないはずだ。

ただ、コンディションが整わないからといって仕事を放棄していたら、それは本末転倒だ。だからこそ、日常からコンディションを整えることを軽視してはならない。

日本のプロ野球は、メジャーリーグと比べれば、メディカルもストレングスも体制としてまだ整っていない。根性論がいまだに横行し、バットを振れば体力が向上すると本気で思っている技術コーチが生息している。トレーナーは安い給料で頑張っているが、私はむしろ技術コーチよりも高額の報酬をあげたいとさえ思っている。


私が選手のころは、技術コーチと話すよりもストレングスコーチとのコミュニケーションのほうが圧倒的に多かった。コーチに就任したときもストレングス部門とは密にコミュニケーションを取っていた。

「シーズンを通じて活躍するには、7割がコンディションだからな」

選手にもそういう教育は根気強く行っていた。日本ハム時代の栗山監督も、それに対する理解はあった。ソフトバンク時代の工藤公康監督も、ご自身の経験から理解が深かった。マリーンズに移ってからも、井口監督にはピッチャー部門はすべて任せていただいた。ストレングスを軽視する監督に当たらず、困ることはなかった。

メディカルやストレングス部門とのコミュニケーションも、自分から出向く。トレーナールームやウエイトルームでつかまえる。選手の練習が終わってからが彼らの仕事は本番を迎えるので、練習中にグラウンドでつかまえて話をしている。彼らからは、選手たちの身体的状態と、選手たちが今、何を考えているかを聞き出す。

トレーナーは、選手をマッサージしながらいろいろな話をする。世間話や雑談が中心だが、**選手たちはトレーナーに身体を触ってもらうと気を許し、本音で話すことが多い。**そこで何かヒントになるような言葉がもし出ていたら、監督としてその情報はキャッチしたい。

選手の立場を思って、トレーナーの口は重い。職業柄、第三者に漏らしてはいけない情報もある。しかし、カウンセラーや医師のように守秘義務があるわけではないので、差し障りのない範囲で聞き出していく。

トレーナーの情報から2023年に注目したのは、キャッチャーの練習メニューだ。キャッチャーは、非常に肉体に負荷がかかるポジションだ。ピッチャーのボールを受けて、そのボールをピッチャーに投げ返す。ピッチャーほど全力では投げないが、ピッチャーと同じ数だけ投げれば、肩に負担がかかる。ピッチャーは投球数を管理され、投げすぎが起こらないようにケアされているが、キャッチャーにその発想はない。練習でも試合でも、あらゆるシーンで投げている。肩を故障しても不思議ではない。

しかも、キャッチャーはしゃがんだ姿勢でボールを受ける。ピッチャーにボールを投げ返すときは、立ち上がって投げ、またしゃがむ。その繰り返しで、腰と膝を痛める。座ったまま投げようとすれば、肩に負担がかかる。故障して当然の動きをしているのだ。

試合でもハードなのに、練習までハードにしたら絶対に故障する。そこで、キャッチャーの練習を少し軽くするようコントロールした。試合でも、試合数やピッチャーとの相性によって複数のキャッチャーを使い分け、試合数の負担を平準化した。

すると、2023年はシーズンを通じてキャッチャーが怪我をしなかった。こういうことは、ほかの野手にも必要かもしれない。これも、トレーナー陣とのコミュニケーションによって成立した取り組みである。

みんなでチームをつくっている雰囲気を出したいと書いた。そのため、専門外のスタッフにも話を聞くことがある。

「あの選手のピッチングは今こうなっているけど、どうしたらいいと思う？」

あまり面白い答えは返ってこないが、ときに「おっ！」と思うことを口にするスタッフもいる。だから、彼らとのコミュニケーションはやめられない。

たとえば、トレーナーとの会話のなかで、こんなアドバイスをされた。

「あの投手は、長時間のトレーニングメニューにすぐ飽きてしまうので、先発よりもリリーフのほうがいいんじゃないですか？」

トレーニングメニューに取り組む姿勢として、興味が長続きしない。その性格では、先発として長いイニングを投げさせると集中力が続かないのではないか。そういうタイプだと見抜いたトレーナーは、一度短いイニングを集中して投げさせてみてはどうかと提案してきたのだ。

私たち野球の専門家からすると、その選手が持っている球種のバリエーションや球速、バッターに向かう精神的強さなどから、まさに先発向きのピッチャーだった。その視点から離れるには、専門外の人たちの発想を虚心坦懐に取り入れることも必要だ。

専門外の人たちの発想を
虚心坦懐に取り入れることも必要だ。

④コーチとのコミュニケーション

春のキャンプで練習時間が余ると、フィールディングの練習と称して、ピッチャーに対して必要のないノックをするコーチがいる。慣れないポジションでノックを受けるピッチャーが、足を捻挫して故障してしまい、開幕に影響が出たというような話も昔はよく聞いた。

日本のプロ野球の伝統として、練習メニューは監督が決めない。担当するコーチがメニューをつくる。理解の浅いコーチだと、奇妙なメニューをつくってしまい、選手が迷惑するケースが後を絶たない。

その愚を避けるには、監督が大枠をつくり、その範囲内の細かい内容をコーチに任せる仕組みにしたほうがいい。ラグビーやバスケットボールでは、監督（ヘッドコーチ）が練習メニューをすべて決める。効果的な練習メニューを決めるために、何時間もミーティングを重ねる場合さえあるという。野球も、本来はそういう体制にならなければいけない。

メジャーリーグの場合は、やはり監督が決めていない。ただ、監督と同等の権限を持ったコーディネーターやディレクターが練習メニューを作成する。日本の技術コーチに相当するコーチが決めるわけでもない。日本でも、メジャーのような仕組みに変えようとする球団が増えてきた。マリーンズをはじめ、横浜ＤｅＮＡベイスターズやソフトバンクホークスもその仕組みを実践しようとしている。

ただ、現時点では技術コーチとの兼ね合いがあり、その地位が高くならない。いまだに技術コーチの下に位置づけられているように見られている。たまたま私が監督になったので、任期中に彼らの地位を上げようと、フロントと一緒に頑張っている。

コーディネーターやディレクターの仕事に就く人は、さまざまな知識や考え方を兼ね備えている人が適任だ。そのためにはプロ野球経験者に限ることなく、学生野球経験があって大学院を出ている人、プロ野球を途中でやめて統計学の専門になった人などにも担ってもらいたい。

そもそも、日本ではコーチの業務範囲が契約書に定められていない。コーチはどのような仕事をする人なのかと尋ねられても、答えられるコーチはほぼいない。契約するときに面接もない。コーチに対する考えが曖昧なままでも通ってしまう。

メジャーリーグでは、コーチの採用にあたっては必ず面接が行われる。コーチ候補者のコーチング哲学が問われ、それがチームに合うかどうかが判断される。いくら現役時代の実績やコーチになってからの実績があっても、チームカラーに合う人しか選ばない。

日本の場合は、名前と選手時代の実績で契約が進んでしまい、コーチとして有能か否かは問われない。コーチに対する考え方は、メジャーリーグと日本の差はかなり大きいと言わざるを得ない。日本のプロ野球では、コーチが正しいコーチングを求められる環境が整えられていないのが現実である。

コーチとのコミュニケーションで重要なのは、意見を聞くときに「それは違うだろ」と断定しないことだ。

監督に上がってくる意見は、必ずしも正しいものばかりではない。見当違いの意見もあれば、思考が十分ではないため詰め切れていない意見もある。監督とは経験の長さや深さが違うので、そうなるのは当たり前だ。

しかし、その意見は決して間違いではない。根拠が不十分だったとしても、それはひとつの貴重な意見である。それがきちんとテーブルに乗るシステムだけは構築したい。それを採用するかしないかは、もちろん監督の権限だ。違うと思えば、その意見を採用しなければいいだけの話である。

むしろ、その意見は間違っていると強く言ったことで、意見を言いにくくすることのほうが大きな損失になる。大事なのは「間違えることは、間違いではない」という思考だ。

私は、誰の意見でも「ああ、そういうこともあるね」と聞きたい。さまざまなコミュニケーションを持とうとしているのは、**思考のテーブルに乗せる「材料」を、できる限り増やしたい**と思っているからだ。

とはいえ、目標設定には理想と現実がある。

お話ししてきたように、主体性を持った選手が集まるチームにするのが私の大命題である。自分をわかっていない選手を気づかせる役割を、コーチにも担ってもらいたい。そのためには、選手とのコミュニケーションにおいて、選手にしゃべらせてほしい。

しかし、2023年シーズンを見ていると、コーチと選手のコミュニケーションはうまくいっていない部分もあった。選手に気づかせるためのコーチングを、理解し実践できるコーチがほとんどいなかったからだ。それでは、材料は上がってこない。

コーチに任せるという意味で、監督は必要以上にコーチの指導はしにくい。そのなかでコーチのマインドをどう変えていくか。コーチの行動やスキルをどう変えていくか。そのためには、コーチにも話してもらわなければならない。その役割を担うのは監督である。コーチとのコミュニケーションの機会を増やし、その課題を解決していかなければならない。

話をするなかで、いろいろな気づきが出てくるはずだ。もちろん、私もこうしてほしいという要望は伝える。そうすれば、コーチも選手と同じように自分は何ができるか、何ができないか、何をするべきか、何を学ぶべきかを考えてくれると思う。

コーチとのコミュニケーションの機会は、個別の機会だけでなくコーチミーティングというものがある。このミーティングは、毎試合前後に行われる。

このとき、コーチには積極的に発言してほしいと言っている。そこで、一人ひとりが考えていることや、選手とのコミュニケーションから引き出した意見などを伝えてほしいのだが、なかなか言ってくれない。私は言いすぎるぐらい言っていたので、監督から煙たがれていたが、それでも言わないとチームが前に進まないので、言い続けた。

私も、意見は言ってくれたほうがいいと思っている。コーチ陣にも、そういう趣旨のことは伝えている。とくに、金子誠コーチと大塚明コーチは思ったことを言ってくれる。思慮深く、普段からよく考えているので、単なる思いつきで言うようなコーチではない。そういう文化をマリーンズに根づかせることができれば、チームに関わる人が一丸となって戦っている雰囲気がもっと出てくるのではないか。

そこに到達するには、こちらから促していくしかない。意見の違いは間違いではないということをわかってもらうよう仕向けていくしかない。

間違ったことを言いたくないのは、クビになる恐怖や査定に影響する怖さもあるからだろう。そのハードルを取り除くためには、コーチミーティング以外にもコーチとのコミュニケーションの機会が必要になる。

意見の違いは
間違いではないと
周知させる。

⑤不満を抱えている選手とのコミュニケーション

選手は、プロフェッショナルとして真剣にプレーしているからこそ、監督やコーチに不満を覚えることがある。その最大の不満は起用法だ。

試合に出られなければ不満に思い、出場機会があれば喜ぶ。自分の怪我や体調に不安があっても、それを隠す。自分から出場したくないと主張する選手はほとんどいない。次に試合に出してもらえなくなる恐怖のほうが大きい。選手とはそういうものだ。

試合に使ってもらえないことはもちろんだが、試合に使ってもらっても納得できる起用法ではない場合も、選手の不満は増大する。

ピッチャーの場合、勝利投手の権利が消える5回途中までに降板させられると、不満は増大する。バッターの場合は、試合に出られないときだ。出場機会を奪われた選手が抱く不満に対して、監督としてどういうコミュニケーションを取ればいいのか。

コーチ時代には、ピッチャー陣に対してこのような声をかけていた。

「勝敗や監督の起用法など、自分でコントロールできないことに対して心を揺らしても損

ることに集中しなさいという意図があった。

むしろ、自分でコントロールできる自分のパフォーマンスや自分のメンタルを強靭にすることに集中しなさいという意図があった。

逆に、すべての決定権がある監督としては、**根拠のある起用法が重大になる。**

選手に説明がつかない起用は避けなければならない。そのために、常にデータの裏づけを意識している。必要であれば、起用の根拠も選手に説明する。

試合後に行われるインタビューでも、監督の采配として失敗したこと、成功したことを包み隠さず話すことを心がけている。

「あの場面で、どうして代打を出したのですか？」

記者にそう問われたとき、私はこう説明する。

「こういうデータが出ていたので、この選手のほうが確率が高いので代打に送った」

左腕のピッチャーに強い選手Aと、右腕のピッチャーに強い選手Bがいて、その場面で投げているピッチャーが左腕だったとする。通常はAを使うが、直接の対戦成績では完全に抑え込まれている。反対に、Bは左腕に強いわけではないが、そのピッチャーには滅法強い。この場合は、そのデータに基づいてBを代打に送る。

ピッチャーの継投についても質問が飛ぶケースが多い。

「あの継投の場面は、C投手じゃなくてD投手でもよかったのではないですか？」

この質問にも、明確な根拠を示して答える。

「C投手は、ここ数試合こういうデータが出ているので、この場面では彼が適任だと思って行かせました」

基本的な根拠はデータだが、直近のその選手の調子と傾向も重要な要素だ。通常は右対右、左対左のほうが、ピッチャーは抑えている。しかし、左ピッチャーでも右バッターをよく抑えていたり、逆に右ピッチャーでも左バッターを抑えていたりするケースもある。調子の良い変化球があれば、左対左にしなくても抑えられる。右バッターの強打者にわざわざ左ピッチャーを当てるのも、直近のデータに基づいて決める。そうした根拠さえ選手に伝われば、不満を溜めることはあまりない。


データに基づいた起用で失敗したケースもある。

2023年のクライマックスシリーズのファイナルステージ第1戦、オリックスの大エース山本由伸投手（現ロサンゼルス・ドジャース）から初回に3点を奪う最高のスタートを切ったのに、4回に先発の美馬学投手が打ち込まれて3点を奪われ、同点にされる。6回表にマリーンズが1点を取ってリードをしたあと、6回裏に投入した中村稔弥投手が先頭打者にフォアボール、続くバッターにタイムリーツーベースを打たれてあっさり同点にされる。試合の流れはオリックスに傾き、この回に4点取られて試合は決した。

中村投手の制球が定まらなかったのは、極度の緊張だった。

言うまでもなく、クライマックスシリーズはペナントレースとはムードが違う。しかし私は、中村投手があれほど緊張するとは思わなかった。

ペナントレースにおいて、左ピッチャーの中村投手は、不利とされる右バッターをシンカーで抑えてきた。オリックスは右の強打者が続く。定石を踏めば右ピッチャーを出すべきだが、私は中村投手のシンカーで抑えられると踏んだ。

中村投手の顔は緊張で真っ青だった。もともと緊張する選手だったが、それまでも大事な試合で右バッターの場面で送り込み、シンカーで抑えてきていたので、何の迷いもなく起用した。

その初球を見て、驚いた。武器のはずのシンカーがいつもと違う。緊張のせいで腕が振り切れず、いつもなら鋭く落ちるボールが、キャッチボールのようなふわんとしたボールになっている。ストレートも走っていない。シンカーは、ストレートの軌道から急に落ちるからこそバッターが幻惑される。中村投手は自信を失い、9割がシンカーという通常では考えられない配球になった。もちろん、キャッチャーはストレートを要求していた。しかし、中村投手が首を横に振った。経験の浅い2年目の松川虎生選手がキャッチャーを務めていたので、遠慮して強く言えないところもあった。しまったと思ったが、もう手遅れだった。ブルペンの準備が十分できないような、急激な崩れ方だった。

あの場面で「なんで中村なんだ？」という疑問はチーム内からは出ていない。ただ、記者や解説者など外部の人間は追及してきた。

「右バッターが続くのに、なんで左ピッチャーなのか？」

しかし、私は中村投手しか思い浮かばなかった。それは、中村投手が右バッターを抑えているというデータに基づいた起用だったからだ。内部から疑問が出ていないのは、その起用方法に疑問がなかったからである。ただ、結果は別の問題。うまくいかなかったのは起用した監督の責任である。

起用の根拠を選手に伝えるのは、選手を混乱させないようにするためだ。伝えなかったら「なんで俺だったんだろうか？」「どうして俺じゃないのか？」と疑念が生じる。それを放置すると、次の出番でもモヤモヤした状態のままプレーしてしまう。

監督の選手起用の理由が選手にわかれば、選手も予想しやすいので準備ができる。選手を迷わせないこと。それがあらゆる情報をオープンにする理由だ。

メジャーリーグでは「どうして俺じゃなかったんだ」と監督に聞く選手が多い。マリーンズだけでなく、日本にはそういうタイプはあまりいない。それは、学生野球の時代から監督が絶対的に強い環境で野球をやってきたからだ。主体性が育っていないから、疑問を持ってもそれを突き詰めて考えない。その結果、不満が溜まる。そこに至る根本的な要因は、コミュニケーションの不足である。

選手を迷わせないこと。
それがあらゆる情報を
オープンにする理由である。

勝つために必要な「演技」

①表情をつくる

監督が試合中に見せる表情は、非常に重要な意味を持つ。それは、選手が監督の顔を見ているからだ。私は監督の表情を見るタイプではなかったが、それは少数派だ。たいていの選手は、ベンチで監督の顔色の変化をそれとなく見ている。

とくに、自分が失敗したときに監督がどのような表情をしているか、選手は気にしている。だからこそ、**選手が失敗したときは表情を変えず、堂々としてあげたい。**選手に「監督はなんとも思っていない」と思わせるような平常心の顔だ。

選手たちには、試合中に感情を揺らしてほしくない。平常心でいてほしい。試合がピンチに陥っているとき、監督がそわそわしたりバタバタしたりすると、選手たちに伝播してしまう。そうなると、プレーのパフォーマンスも下がってしまう。

反対に、ホームランを打った場面、逆転した場面では、自然と感情が出る。嬉しいときやポジティブな場面では、勝手に表情に出てくるので、それをコントロールしようとはしていない。

ただ、嬉しくても気を緩めてはならない場面では、あえて出さない。試合の終盤に逆転し、1点差で次の回を抑えたら勝ちという状況では、あまり喜びすぎて次のプレーに集中できないと足元をすくわれるので、ぐっとこらえて怖い顔をつくることもある。

監督になってからではないが、私は表情をつくる練習をしたことがある。若いころは怖い顔をするのが苦手だったので、当時の近鉄・岡本伊三美監督にこう言われた。

「おまえは優しい顔をしているから、マウンドで怖い顔ができるように練習せい」

現在の私の顔をご存じの方は、そんな時代があったことなど信じられないだろう。この表情は、練習した成果だと思っていただきたい。

それをきっかけに、ユニホームを身にまとってマウンドに立つときは、違う自分を演じなければならないと考えるようになった。とくにクローザーをやっているときは、ファウルラインをまたいだときにスイッチが入り、「どこからでもかかってこい、来ないならこちらから飛びかかっていくぞ」という表情をつくっていた。

近鉄時代の「柄の悪い」私は、本当の自分ではなく演じていたものだ。それがやがて浸透し、吉井は柄が悪い、今の吉井は良い人を演じていると言われているらしい。

②怒る

怒るときも演技が入っている。本当に怒っているときは少ない。

本当に怒るときは、選手が手を抜いたプレーをしたときだ。バッターが凡打をしたからといって一塁に全力疾走しなかったり、ピッチャーが集中力を失って適当に投げていたりするときだ。ただ、本当はそれも我慢しなければならない。試合中に怒ると、チーム全体が動揺してしまうからだ。

一般に「喝を入れる」「ピリッとさせる」目的で怒ることは効果があると言われる。その言説に、私は懐疑的だ。**怒ることが効果的とは思えない。**個人的にも、誰かが怒っているのを見ると、冷めてしまう。

とはいえ、２０２３年のシーズン中に演技抜きで怒ってしまったことがある。

7月28日、ＰａｙＰａｙドームでのソフトバンクとの一戦で、ある投手がピッチャーゴロをさばいて一塁に投げるとき、フワッと投げて暴投しそうになった。その試合はリードしている状況で、7月も勝ちが続いてチームが良い雰囲気になっていた。流れがマリーンズに来ているときに、それをぶち壊すような怠慢プレーに腹が立った。

もちろん、それだけで腹を立てたわけではない。いくつかの要因が重なり、その投手の送球でスイッチが入ってしまった。

しかし、選手の前では怒れない。ベンチの裏に行って、怒りを鎮めようと思った。ところが、間に合わなかった。目の前に見えた扉を蹴飛ばし、具体的な言葉は記憶に残っていないが、怒りの叫びを口にしたと思う。その声と音は、ベンチにいても聞こえたはずだ。

試合後、反省した私は選手の前で謝った。

「感情をコントロールできなくてすみません。もう怒っていないので、明日から頑張りましょう」

私が何に対して怒っていたか、選手はわかっていなかった。怒っている私の様子を見ながら「俺かな？　俺かな？」と不安に思っていたかもしれない。広報担当者は「普段怒らない人なので、空気がピリッとしました」と言っていた。とはいえ、これは計算ずくで怒ったわけではないので、本当に反省しなければならない。

③演じる

「①表情をつくる」、「②怒る」の項目でわかるように、監督は演じている。チームを盛り上げるためなら、嬉しくもないのに喜ぶこともある。

相手のミスで点が入ったとき、喜ぶのは礼を失する。しかし、それがチームに勢いをつけるきっかけになれば、喜んでいるふりをする。それほど考えてもいないのに、考えているふりをする。**球場にいる間は、すべての行動や言動で演じている**気がする。球場にいる間で素の自分になっているのは、ウエイトルームでトレーニングしているときだけだ。

演じるのは、何らかの効果を狙っているわけではない。私のなかに、監督はそんなものだろうという印象があるだけだ。

選手のロッカールームに入り込んで、ソファーに座って選手と話をするときは、良きお父さんを演じている。そういう雰囲気で演じているので、選手たちも私の存在を気に留めることなく、普段の状態でいる。日常の状態のほうが、話はしやすい。


メディア対応でも、本当のことではなく演じることがある。もちろん、事実はしっかりと話す。ただ、予測や願望については、表情を含めて演じることが多い。

「今日の勝利は、次の試合につながりますか」

内心では、つながると思っている。本当は、「この調子でいきまっせ」と思っている。しかし、それは言わずにポーカーフェイスを装う。

「今日と明日は関係ないので、明日は明日で頑張ります」

連敗しているときも、痩せ我慢する。

「今、連敗していますが、厳しい状況だと思っていますか」

そう聞かれても、弱みや隙を見せるようなことは言わない。この「弱みや隙を見せないこと」が、演じる意味である。

インタビューは、選手だけでなくチーム全体が見たり、聞いたり、読んだりする。間接的にチーム全体に伝わることを意識して演じる。チームを強くする、まとめる、選手やスタッフへの影響を考慮する。**演じるのは、すべてが勝利につながっていくからだ。**

④伝える

優しく言う。強く言う。怒る。叱る。

言葉の伝え方はいろいろあるが、感情をマネジメントしつつ伝えるとき、どちらが効果的か最近はわからなくなっている。

主体性を育むには、選手が自らやりたいと思ってやってもらわなければならない。選手に課題を伝えるときにも、まずは選手に語らせることから始める。

「じゃあ、それをどうやって変えるの？」

解決策も自分で言ってもらう。それが見当はずれだった場合は、軌道修正する。まずは提案という形式で進める。

「なるほど、そうやっていくんだな。それはわかるけど、俺だったらこうする」

しかし、それでもうまくいかないこともある。チームのためにやってほしいことは、ストレートに伝えたほうがいいのかもしれない。提案形式では、本当に選手がやりたいと思ってやったのかよくわからない。監督が提案したら「はい」と言うしかないと考えている選手が大半だ。だとしたら、命令して徹底させたほうがいいと考えることもある。その結論は、まだ出ていない。

それは、選手よりむしろコーチに当てはまるかもしれない。選手には、回りくどくても選手が自らやりたいと思わせる方向に仕向けなければならないが、コーチにはストレートに伝えたほうが、選手への影響が少ない。コーチに決めさせてしまうと、伝えたいことが期待したように浸透していかない可能性もある。

伝え方として、怒る、叱ることの効果はないと思っている。むしろ萎縮させ、自分の意見を言わなくなってしまう。逆効果でしかない。

プレッシャーをできるだけ与えないコミュニケーションとして、選手が責任を負わなければならないような言い方をしないことは意識している。

大事な場面で選手に決めさせてはいけないとお話ししたが、責任を持ってプレーしてほしいという思いもある。選手自身の判断力を向上させたいし、自分の判断のなかで臨機応変に対応する力も養いたい。

選手が主体的に決断して行ったプレーについては、その選手の責任にならないように伝える。

たとえば、大事な場面で打者を敬遠するかどうかを選手に決めさせたが、勝負した結果打たれたり、敬遠した結果傷口を広げてしまったりして、負けにつながったとする。

この場合、その選手を送り出し、その選手の意思決定に委ねた監督の責任であり、その判断が間違っていたということだ。つまり、選手には勝敗の責任は負わせない。その代わり、**自分のパフォーマンスの責任は持たせる。**その判断が失敗したということは、自分がどういう力をつければ成功させることができたのかというところは考えさせる。

⑤通達する

プロ野球の世界は、勝利が大命題の一軍と、主に育成と一軍への選手供給を担う二軍がある。ここが、ビジネスの世界と決定的に違うところだ。ビジネス社会には二軍はない。

一軍と二軍があると、一軍で戦力として期待できない選手を二軍に落とす場面が必ずある。強い言葉で表現すれば「見切りをつける」「切り捨てる」「きみにはもう期待しない」となる。このような表現をしなければならないときは、正直に伝える。

二軍で調子が良く、一軍に上がってきたものの、期待通りにバッティングで結果を出すことができなかった選手がいたとする。

「きみにはこういうバッティングを期待したけど、数字が出なかった。残念だけどもう一度二軍に行ってもらいます」

一軍に上がってきたときに、一軍に抜擢した理由と、期待している役割はしっかりと伝える。具体的なケースとしては、長打を期待しているので、しっかりとバットを振ってほしいと伝えた。しかし、結局1試合も打てずに2ヵ月が過ぎた。これ以上、一軍にとどめておくのは難しい。もちろん、結果については客観的なデータを示し、感情を見せることなく淡々と話すよう心がけている。

ただ、それができなかったケースもある。

2023年にマイク・ブロッソーという選手がシーズン途中で加入した。期待した外国人だったが、なかなか打てなかった。しかし、せっかく日本に来てくれたのに、二軍に落として暑い浦和でプレーさせるのが忍びなくなり、一度は二軍に落としたものの、再昇格させてからは、そのまま一軍に帯同させた。

コーチたちは、二軍に落としたほうがいいと進言してきた。それはわかる。だが、異国の地で切り捨てられることがどれほど辛いか、私もメジャーで経験したので、ブロッソーの立場に立つと踏ん切りがつかなかった。結局、残りのシーズンもそれほど残っていなかったこともあり、最後まで一軍に残した。

もちろん、監督として褒められたことではない。自分でもいけないと思いながら、どうしても言い出せなかった。私の掲げる「根拠のある起用法」とは矛盾する。2024年以降は、こういうことをしてはならないと決意した。

血の通った指導という言い方がある。情の部分だ。**見切りをつけるときのコミュニケーションは、冷徹に突き放したほうがいい。**わかりやすさを重視したほうがいい。

若手の場合は、二軍に落ちてもまだチャンスはあると伝える。ただ、あまり期待させるような言い方はしない。

「何が起こるかわからないから、準備だけはしっかりとやっておいてください」

現に、二軍に落としてすぐに病人が出て戻したケースもある。見切りをつけるときも、監督は選手がモチベーションを維持できるよう配慮する必要がある。

監督が演じるのは、
それが勝利につながっていくからだ。

第3章　勝利を狙いつつ「**育成**」を推進する

勝利と育成は車の両輪

自動車は、右側の車輪と左側の車輪で支えられている。片側の車輪がなくなると、走行できない。一方、ジェット機は通常、2基のエンジンで飛んでいる。片側のエンジンが故障しても、1基のエンジンが作動していれば墜落することはない。

そもそも、プロ野球の球団はチームとして勝利を目指す集団である。勝利が第一にあるとはいえ、選手を成長させ、チームを強くしていかなければ、継続的な勝利はとても見込めない。育成によって選手を成長させていくことと、目の前の勝利をつかむことは、車の両輪なのだろうか、それともジェット機のエンジンなのだろうか。

戦力が集まったとき、育成に力を入れず勝利を目指す考え方はある。メジャーリーグであれば、毎年のようにメンバーが大幅に入れ替わる。とくにニューヨーク・ヤンキースのような資金力が豊富な球団は、外部から良い選手を連れて来て、マイナーから勝手に育ってくる選手を引き上げれば、戦力が整う。活躍できなければクビにすればいい。育成という概念は希薄だ。

しかし、日本のプロ野球はそこまでの裾野がない。マリーンズも戦力は整っていないので、勝利を目指す部分と育成の部分が両方なければ、中長期的なチーム戦略は成り立たない。戦力となる選手も、経年で年齢を重ねていく。次世代のことを考えると、ある程度は育成も考えるべきだ。その意味で言うと、日本のプロ野球における勝利と育成は車の両輪に近く、ジェット機にたとえるのは無理がある。

言うまでもなく、スポーツチームは結果がすべてである。とくに一軍は優勝を目指していて、監督の役割は勝利に導くことだ。負ければクビになるので、戦略や戦術を駆使して勝利を目指す。そうしたなかでも、選手を成長させていかなければならない。

若手投手を成長させるため、試合のなかのある場面で使うと、打ち込まれて負ける可能性がある。それでも使うかどうかは、私のなかである一定の割合がある。

打ち込まれる確率が「6・4」の場合、つまり**4割は抑えられる確率がイメージできる場合は、思い切って使ってみる。**しかし、打ち込まれる確率が「7・3」の場合、つまり抑えられる確率が3割しかイメージできない場合は、かなり悩む。それでも、若手投手の育成のためになると思ったら、決断する場合がある。とはいえ、ピッチャーの場合は起用の失敗が敗北に直結するので、年間10試合あるかないかのレベルでしかない。

その場合でも、何の策も講じずに丸裸でマウンドに送り込むわけではない。

先発ローテーションとして初登板する若手投手の試合は、どの程度抑えてくれるか計算できない。ピッチャーが計算できないのであれば、マリーンズが志向する守備の固さをいったん置いておいて、打線の爆発力を優先するオーダーを組む。少々得点を取られたとしても、それ以上に点を取る打線を組んで若手投手に安心感を与え、勝利を目指す。

負けている試合で経験を積ませればいいではないか。大量得点差がついて試合も終盤に差しかかったころ、一軍登板が少ない若手投手を投げさせる。そういう考え方もある。しかし私は、育成をするために勝利を諦めるゲームは、1試合もしない。

はじめて一軍に上がったピッチャーを場慣れさせるために起用するケースはあるが、その経験が緊張感のある場面に生きるかと言えば、それはほとんどない。大量得点差で負けているゲームで投げても、経験の積み上げには寄与しない。敗戦処理でいくら投げても、成長は見込めない。負けている場合は、せいぜい1点差か2点差だ。

「ここで打たれたら、完全に敗北が決まる」

そこまでの負荷がかかる状況でなければ、若手は成長しない。そこで若手に投げさせる場合は、打ち込まれて得点されそうになったときのバックアップとして、計算できるリリーバーを臨戦態勢にさせておく。

勝っている試合でも、4点のリードは満塁ホームランで同点になってしまう。経験の少ない若手投手にとっては、プレッシャーがかかる場面だ。

野手の場合も、負けが確定した弛緩した雰囲気のゲームで打席に立ち、そこで結果を残しても、それがその選手の成長に直結するわけではない。攻撃は9人、守備は8人で行うので、ひとりの若手の未熟さをほかの誰かがカバーしてくれる可能性がある。ピッチャーのケースよりも使いやすい。そういう意味で、育成のために若手野手を起用する試合はピッチャーよりも多くなる。

その時点のゲーム差も考える。2023年は若い野手を積極的に使いたかったが、想定よりもチーム状態が良く、首位とのゲーム差も開いていなかった。優勝を目指す以上、シーズン終盤はベテランを起用する機会が多くなった。

シーズン前半に若い野手を起用したが、彼らは結果を出せなかった。やむなくベテランを起用し、そのベテランが結果を出したので、後半の起用につながった。

私は、試合に出さないことも教育だと思っている。しっかりと結果を出さないと試合には出られない。その事実を痛いほど認識すれば、主体的に考えるきっかけになる。プロ野球選手である以上、試合に出られないのは精神的ダメージが大きい。若い選手も、試合に出なければ成長しないとは考えていない。結果が出ないなら外す。打順を下げる。その起用法によって、選手に激励のメッセージを送っているつもりだ。

使い続けなければ成長しないパターンもある。試合に出ていないと、1シーズン試合に出場し続ける体力がつかないからだ。試合の体力は、練習でいくらトレーニングをしてもなかなかつかない。

マリーンズでは、藤原恭大外野手がそうだ。シーズン前半は藤原選手を起用していたものの、後半は打撃の調子を落としたので、コーチ会議の中で二軍に落とすことが検討された。当然のことだったが、彼には1シーズン一軍でプレーできたという実績をつくってあげないと、そのあとの成長が期待できない。そう考え、一軍に残した。

ルーキーの友杉篤輝内野手も、試合そのものは2、3試合に一度のペースでしか出場できなかった。シーズン途中で、野球を覚えるために二軍に送ったほうがいいと考えたが、やはり一軍で1年過ごした経験は財産になるので、ギリギリまで一軍に帯同させた。

ただ、最後の最後になって二軍に落とした。それは、結果を出していないのに一軍でベンチ入りし続けられると思われたら困るからだ。クライマックスシリーズには一軍入りさせず、二軍に行ってもらった。悔しさをあらわにしていたから、私の狙いは奏功した。

松川虎生捕手は開幕一軍でシーズンに入ったが、試合にはあまり出場できなかった。彼がこのまま4年間を過ごすと、大学や社会人から入ってきた捕手に追い抜かれるのではないかと危惧した。試合経験を積むことができないからだ。

そこで、松川選手にも二軍に行ってもらった。一軍よりレベルの低いピッチャーのボールを受けることによってリードを考えるようになるし、レベルが低いとはいえ、打撃で結果を残すことで自信もつく。松川選手の場合は、そのほうが成長に寄与すると判断した。

ある程度の実力がある選手の場合は、一軍の試合を見たり、たまにでも試合に出たりしたほうが経験値は増す。選手のポジションとパフォーマンスレベルによって、どちらを選択したほうがいいかは変わってくる。


勝利と育成の両面で結果を残すことが監督の役割である。失敗を想定して起用し、失敗しても勝利を手にする策を常に頭で考える。そのうえで、失敗した若手が次にどのような行動をするか、それが成長につながるように導くのも監督の大事な仕事である。

選手は、自分がうまくいっても、試合に負ければ気持ちが高揚しない。チームが勝利すれば、よりうまくなろうという意欲が出てくる。

とくに、ピッチャーは防御率1点台に抑えても、味方が打てずに負ければ、気持ちが滅入ってくる。自分の調子そのものは悪くないのに、勝たなければならないので違うことをやり始め、調子を落とす。そのような悪い方向に進んでしまうケースがあるので、勝利はすべてに優先する。

勝利と育成の両面で
結果を残すことが
監督の役割だ。

現場のコーチを生かす

選手の社会人力を育成するのも、監督の担う役割だ。自分が今何をしなければならないかを考え、それを実行して勝利すれば、さらに物事を積極的に考えるようになる。

社会人力の基本は、物事を深く考えることが起点になる。負けてしまうと、自分が考えたことが正しかったのかと不安になり、思考が停止する。考える習慣をドライブさせるためにも、勝利が必要だ。勝利と育成が両輪であることは、ここでも証明される。

では、どのように育成するのか。

これは、選手個々のレベルによる。ピッチャーの場合、数多くの試合でマウンドに立ったほうが成長するピッチャーもいれば、試合で投げるよりまずは基礎体力を鍛え上げたほうがいいピッチャーもいる。それは一人ひとりをじっくり見るしかない。

監督ひとりだけでは目が届かない。技術コーチ、マッサージを選手に施すトレーナー、トレーニングを見るストレングスコーチの目も必要だ。加えて、客観的なデータも助けになる。ホークアイというシステムは、選手の動きを超スローで見ることができるため、細かい動きを確認するのに役立つ。トラックマンはピッチャーが投げたボールの回転や質、打者が打ったときの打球の速度などを計測することができる。

選手は、基本的に自分に何が足りないのか正確に把握できない。監督、コーチからの指摘や客観的データを突きつけられたとき、選手によって反応が大きく異なる。何が何でも一軍に残りたい思いは、すべての選手に共通する。しかし、伝えられたことを素直に受け取る選手と、嫌な顔をして聞いている選手がいる。

伝える側は事実を言うだけ。どんな態度をされようが構わない。決まったことには従わなければならない。それがプロの宿命だということも教えなければならない。一軍の枠には限りがある。どんなに調子が良くても入れないこともある。そうした不条理も、若いうちに叩き込まなければならない。

二軍行きを命じられたとき、悔しくて暴れるほうが選手として見込みがある。ほっとしたような表情を見せる選手は、一度落ちるとなかなか上がってこない。学生時代にレベルが飛び抜けているからプロになれるわけだが、プロには桁違いの選手がゴロゴロいる。お金や生活がかかっているので、プレッシャーは半端なものではない。その状況をはね除ける選手でないと、育成してもものにならない。

育成は、長期で考える。基本的に、短期での育成や戦力化は考えていない。

ただ、選手によっては、長期の育成プランをシーズンごとに分解し、段階を踏むことは考えている。シーズンごとの段階を確実にクリアし、右肩上がりの成長曲線を描いてほしいと伝えている。その達成の先には、戦力として認識する。

スポーツは直接の対戦相手がいるので、育成は思い通りにはいかない。なかば「出たとこ勝負」のようなところがあり、結果を見て次の手を打つほかない。綿密な育成プランというより、大まかなプランを立て、その後の振り返りを重視しながら育成していく方針を取る。つまり「こうなるだろう」という見立てのもとに試合に使い、やらせてみて、結果が出て、それに対して教訓を引き出し、次に進む。

そうであればあるほど、すべての段階を監督ひとりで見ることは難しくなる。大きな役割を担うのが、監督と選手の間に位置するコーチである。

より選手に近い位置にいるコーチのほうが、選手の一次情報を拾うことができる。コーチからの一次情報と、監督の目から見た選手の状態との間にギャップがある場合、コーチからの一次情報を優先する。

ただ、2023年シーズンはさまざまな事情から、監督である私が直接選手から一次情報を引き出していた。これは、できれば避けたい。コーチから質の高い一次情報が上がってくるのが理想だ。私がやったのはコーチの役割を侵害することになるので、監督は我慢することが求められる。

これは、おそらくビジネスにも通じることだろう。マネージャーが中間管理職の報告に疑問を持ち、直接一般社員と1on1などを始めてしまうと、中間管理職の面目が立たない。かといって、疑問も放置できない。その場合は、中間管理職との1on1でなぜ疑問を持ったのかを明らかにし、疑問を持たれない情報を拾うためのスキルを身につけるよう促していく。

その場合でも、中間管理職を否定するような言い方はしてはならない。

「それは違うだろ」

「ちゃんとしなさい」

そうではなく、マネージャーが考える方向に導くような質問を重ね、中間管理職が核心を突いたときに「そうしてください」と言う。つまり、一般社員に話をさせてほしいと事あるごとに伝え、そこでどのような質問をしたかを確認し、それが不十分であればもう少し突っ込んでほしいと話をする。

中間管理職が一般社員に問いかけている質問の質を確認するのだ。問題をずばりと指摘してしまうと、中間管理職のプライドは傷つく。質問が浅いと、選手が前に進めないことを重点的に伝えるのだ。

監督はコーチの「質問の質」に
目を配る必要がある。

的確な目標を引き出す「質問」「観察」「代行」

若手を育成するとき、注意している大方針がある。

プロ野球の世界に入って来るのは、高校を卒業したばかりの18歳の少年もいる。部活動で野球をやってきたため、メニューはすべて指導者から与えられてきた。つまり、自分で何をすればいいか考える習慣が身についていない。

私は選手に主体性を身につけてもらうことを第一に考えているが、始まりの始まりは、コーチングではなくティーチングが入っていいと思う。第2章で凧揚げの話をしたが、若手が自分で考えられる習慣を学ぶまでは、監督やコーチが糸を引っ張ってあげなければならない。習慣が身についていない若手に主体性を求めた結果、2023年に練習しない選手が出てきたこともお話しした。

高卒でプロ野球に入ってきた選手は3年、大学、社会人から入ってきた選手は少なくとも1年はティーチングを行うつもりだ。ベテランのように気を遣う必要はないので、思い切ったことを言うかもしれない。


ただ、始まりの始まりを除けば、すべての選手に対して行うのはコーチングが最適だ。

そのとき、ひとつだけ意識しているのは、**自分の経験を語らないこと**だ。私自身が選手時代も、監督、コーチ、先輩の経験談の押しつけほど退屈なものはなかった。できるだけ選手の口から出るように仕向けていく必要がある。

たとえば、体力をつけてほしい投手に対しては、こう質問してみる。


「大谷（翔平選手）とおまえとどこが違うと思う?」

「ぼくは二刀流じゃないですね」

この答えは、核心から遠いためスルーする。

「なるほど、そうだな。ほかにはないか？」

「そうですね、あんな160キロを超えるスピードボールは投げられません」

やや近づいた。そこで、関連づける質問をしてみる。

「今のところそうだな。その原因はどこにあると思う？」

「才能ですね」

「それを言ったら終わりだよ（笑）。目に見える違いはないか？」

「ああ、身体が違いますね」

そういう言葉が出てきたらこっちのものだ。そこを深掘りする。

「なるほど。じゃあ、どうすればいいと思う？」

「ウエイトですね」

「ウエイトといってもいろいろあるけど」

「どこを鍛えれば速くなるか、調べてみます」

「おう。いつやる？」

「すぐにでも」

このやり取りは実際に起こったことではないが、ここで必要なのは、課題に気づかせるための質問の引き出しを数多く持っていることだ。

このケースで言うと、パワーのある大谷翔平選手を引き合いに出せばいい。同じスピードボールを駆使する投手でも、佐々木朗希投手を引き合いに出しても、この課題にはたどり着かない。適切な目標や比較対象を選手に持たせるために、チョイスが必要になる。

育成でもっとも重要な「目標設定」をするときに、届きそうもない目標を設定してしまうと、到達できずに意欲を失っていく。勝ち負けなど自分でコントロールできない目標を設定してしまうと、モチベーションを保てなくなる。

誰かと比較するにしても、自分でコントロールできる「対象」をターゲットに置くようにする。先ほどのケースの大谷選手の場合は、二刀流ではなく身体にフォーカスする。ただ、もう少し届きそうな「人」との比較のほうが、選手にやる気を出させるには効果的かもしれない。大谷選手は突出しすぎているため、私のチョイスが適切かどうかはそれぞれでお考えいただきたい。

目標設定も、選手が**「ちょっと頑張れば到達できそうな目標」に設定する「センス」を身につけなければならない。**

これは、選手によって異なり、選手の現時点のレベルによっても異なる。そう考えると質問する側は、膨大な質問の引き出しを用意しなければならない。これは一朝一夕に蓄積できるものではない。物を言うのは日々の積み重ねだ。

質問の引き出しが多数あっても、どのように質問すればその選手から話を引き出すことができるか、モチベーションを高められるかは別の問題だ。その選手と日常的に雑談をしたり、その選手を平素から観察したりしておかなければ不可能だ。

選手の優れた点、劣っている点、改善すべき課題など、さまざまなポイントを的確に把握し、伝えるべきポイント、気づかせたいポイントを言語化することなく、質問によってあたかも自分で発見したように認識させるのだ。

こう言うと、難しいことのように聞こえるかもしれない。最初から深い洞察はできなくても、しっかりと選手を観察していれば、雑談のなかから観察の成果が出る。選手はその言葉を聞いて何かを気づき、そこから信頼関係が生まれる。信頼関係さえできれば、選手は自分が考えていることを語り始める。この監督、コーチは自分のことをあまり見ていないと思われてしまえば、選手は口を閉ざす。

ただし、観察する場合も、あまり観察していると思わせたくはない。普段は見ていないようでいて、話をしてみると「この人は自分をよく見てくれている」と思わせるようにしたほうがいい。あからさまに凝視されることを選手は嫌がる。そのつもりがなくても、監視されているように感じるからだ。私の場合は、なるべく遠くから選手たちの練習を見るようにしている。

適切な質問を発することができなければ、信頼関係につながらない。とはいえ、言いすぎても選手を成長させることができない。高度なやり取りのように聞こえるだろうが、これは積み重ねで誰でもできるようになる。

当初のうちは、選手も本音を言ってくれないかもしれない。しかし、それでもやり取りを続けるべきだ。そのうち、選手も慣れてくる。やがて、この人であればしっかりと耳を傾けてくれるかもしれないと思うようになる。

ポイントが的確であることが選手に評価されても、ポイントは多少ズレていても一生懸命見てくれていることを選手に評価されても、はじめはどちらでもいい。コミュニケーションを重ねていくうち、双方が成長していけば、質の高いコーチングになる。

コーチングは、選手の感覚に寄り添わなければならない。

「このおっさん、何を言っているんだ？」

選手にそう思われたら信頼関係は構築できない。選手の感覚に迫るには、観察するだけでは足りない。「代行」のスキルが必要になる。代行のスキルを身につければ、その選手のタイプがわかってくる。

具体的な代行のスキルの要諦は、次の3点である。

「相手がどう思っているか、相手になったつもりで考える」
「相手の視点に立ち、自分の言葉がどう受け止められているか考える」
「相手を理解するために必要な知識を学び、コミュニケーションを重ねる」

つまり、一方通行の独りよがりにならないことだ。代行は、はじめは間違ってもいいいと思う。相手のことを理解するのは、そう簡単なことではない。ただ、間違ったときに素直に間違いを認めることができれば、信頼関係は崩壊しない。

「おまえはこう考えていると思ったけど、そうじゃないのか、なるほどね」

間違ったことを言って信頼関係が崩れるのではないか、変なことを言ったら選手に見限られるのではないか。そうした恐怖は感じなくていい。

たとえば、イチロー選手やダルビッシュ選手のような自己認識能力の高い選手は、監督やコーチの資質も一発で見抜く。しかし、素直に間違いを認め、勉強しようとする監督やコーチを見限るようなことはしない。むしろ、間違いを認めず自分の考えを押しつける監督やコーチに拒絶反応を示す。意見の違いは、信頼関係の崩壊には結びつかない。

監督やコーチが選手の感覚とは違うことを言ったとき、選手はそれを否定したいと思って何かを言う。その当然の行為を頭ごなしに否定し、自分の考えを主張し、有無を言わさず押しつけてはならない。

「あ、そういうことか」

選手の考えをいったん受け入れ、選手の感覚を理解することに努めるべきだ。そこからさまざまな質問を重ね、選手の反応に対してさらなる質問を積み重ねていけば、選手の考えを軌道修正するタイミングが必ず出てくる。その機を逃さず、ここぞというタイミングで的確なアドバイスを送る。

そのタイミングは、選手がこちらの話を聞く姿勢になっているかどうかによる。そのタイミングであれば、選手もアドバイスを受け入れ、自分のやり方を考える。そのやり取りを何度もできるような関係が理想だ。

当然のことながら、選手がアドバイスを100%受け入れるわけではない。間違っても「俺が言ったことをやっていないじゃないか」と叱責してはならない。

重要な狙いは、コーチングを契機に選手が主体的に考え、プラスアルファの成長をしてくれることである。監督やコーチの言うことに服従することではない。

課題に気づかせるための
「質問の引き出し」を
たくさん用意する。

監督の顔色を見て行動するコーチはいらない

監督が育成するのは、選手に限ったことではない。コーチを育成するのも、監督の重要な役割である。とはいえ、コーチは選手のように育成できるわけではない。コーチはコーチなりの育成方法がある。

そもそも、大前提としてコーチはどうあるべきなのか。

NHKの大河ドラマなど時代劇には、君主を取り囲む重臣たちが出てくる。君主に忠誠を誓い、君主のために働く人たちだ。君主の立場から見れば、居心地の良い状態かもしれない。しかし、監督とコーチの関係はそうならないし、それではいけない。

監督とコーチが一緒になってチームがどの方向に進んでいくかという方針を決め、同じページ（Same page）に進んでいくことを確認する。同じページのなかで、それぞれが違うことをやっていたとしても、選手たちを導く方角さえ共有されていれば構わない。そのなかで、そのコーチが選手のために持てる力を最大限発揮することが重要だ。

そのためには、全員が参画し、全員でチームを強くしている感覚を持ってもらわなければならない。だからこそ、**意見を言いやすい環境をつくるのは必須条件**なのだ。

意見を言いやすい環境は、監督就任後に開催したミーティングでみんなに見せることができた。多くのスタッフにさまざまな意見を出してもらい、発表し、さらに議論を重ねてチームの方針を決める機会をつくったのは、スタートとしては非常に効果があった。ただし、シーズン中にそのような機会が持てなかったのは残念だった。

試合が終わったあとに酒を飲みながら監督とコーチが野球談議をしているというような話を聞くこともある。私は酒が飲めないので、そういう会を開いたことはない。だが、コーチたちにとっては、監督の訓示をひたすら聞いているだけでは、意見を言いやすい環境という意味では効果がないのではないかと思う。むしろ、せっかく毎日ミーティングを開いているのだから、そのときに意見を交わせばいい。

とはいえ、選手が本音を語ってくれないように、コーチも本音を言いにくいところがあるのはわかる。社会的なパワーバランスの壁は、それほどまでに高くそびえ立つ。その壁を突き崩すには、意見の違いは間違いではないことをわかってもらうしかない。

そのためには、コーチの意見を頭ごなしに否定しない。明らかに間違っているとわかっても、一度は受け入れるところから始めなければならない。選手と同じだ。

昔、あるコーチミーティングの席で、コーチがこのような発言をしていたのが印象に残っている。

「私は、栗山監督がどう考えているか、しっかり考えたうえで行動しようと思います」

私はそれがコーチの役目ではないと思っている。

監督にもコーチにも、それぞれの考えがある。むしろ、ないほうがおかしい。監督の方針が自分の考えと違った場合は、それを言うのはコーチの義務だ。意見を戦わせているうちに、新しい発想が見えてくることもある。何も生まれなくても、最終的に決断する監督の選択肢を増やすのが、コーチの重要な職責である。

監督が考えている通りに動いても、チームに変化をもたらさない。その監督の実力、技量以上に、チームは伸びていかない。監督に決定権があり、監督が決定したことに反逆するのは本末転倒だが、決めるまでは対等でいい。**チームを強く、魅力的にするためのアイディアを出すことに関して、監督とコーチは同じ土俵に立っている。**

それに気づいてもらうために、客観的なデータでチームを分析してもらい、それについて意見を戦わせるミーティングを開いている。あるデータについてそれぞれの意見を言ってもらったり、監督の采配ミスについても指摘させたりする。監督も間違えることを共有してもらえれば、コーチが間違えることの心理的障壁が低くなる。

プロ野球チームに関しては、監督とコーチは役割が違うだけで、社会人としてのパワーバランスはそれほど変わらないという立場に立ってほしい。

シーズン前の全体ミーティングや、コーチミーティングなどで、コーチも気兼ねなく意見を言っていいということは頭ではわかっていると思う。私も、何度もそう言っているので、そこに疑いの目を持っているわけではないだろう。

ただ、意見を言うことに対する「慣れ」ができていない。強いチームには、コーチが監督に積極的に意見を言う文化があるのではないかと思う。例えば金子誠コーチは、私に意見を言ってくれる。ほかのコーチにも金子コーチのようにどんどん意見を言ったり、疑問に思ったりしたことは口にしてほしいと願っている。

コーチは自分の専門分野を研究することのほか、選手を成長させ、チームを強くするための方策をもっと考え、自身のレベルを引き上げてほしい。そのためにも、監督とコーチは野球の話だけでなく、それ以外の話をもっとしなければならない。心理的な壁を越えるための手段は、コミュニケーション以外にないからだ。

コーチのレベルを引き上げるのも、
監督の重要な役割である。

選手を自立させるコーチであれ

前著『最高のコーチは、教えない。』に書いたコーチングスキルをマスターするには、相当な時間が必要になる。二軍のピッチングコーチにテキストとして与え、実践させてみたが、慣れるには、早くても1年から2年はかかるだろう。

コーチングに慣れてくると、選手の発言のなかで、**どの発言をさらに深く掘り下げるべきかがわかってくる。**しかし、慣れないとその「ツッコミどころ」が出現する前に自分で答えを言ってしまう。結果的に、選手が考えていることをすべて引き出せないまま終わってしまうのだ。

これは、やり方を教えてもなかなか伝わらない。むしろ、教科書を説明するように教えても効果はない。コーチには、選手とどのようなやり取りをしたか報告してもらい、私が想定する「ツッコミどころ」が出てきたら、その瞬間にこう言う。

「そこ、選手はどうするって言った？」

コーチが掘り下げて聞いていなければ、答えは「聞いていません」となる。そのやり取りで、コーチはそこが「ツッコミどころ」と理解する。それを繰り返し、積み重ねていくことでしか、「ツッコミどころ」の認識とそのときの質問の仕方は体得できない。


私自身も、大学院でコーチングを勉強しているとき、人に教わってもなかなか理解できなかった。自分で実践し、それを録音し、あとで聞き直してみると、選手の発言をもう少し掘り下げればよかったことに気づく。自らの気づきがなければ、コーチングもうまくならない。これは、選手の成長と何ら変わりがない。

そもそも、質問によって選手に話をさせ、選手自身に気づかせるのがコーチングであることをわかっていない人がほとんどだ。自分が指導して、選手を動かさないと仕事をしている気になれないのが、日本のコーチの実情である。

お話ししたように、若い選手を中心にティーチングが必要な段階もある。だが、選手のレベルをより上げていくには、選手が主体性を持って自らやりたいと思うように仕向けていかなければ、なかなか選手のレベルは上がっていかない。それがコーチの仕事であると頭を切り替えてほしいと何度でも言っていきたい。

従来の「上から押しつけるコーチング」は、選手はもはや受け入れない。それだけでなく、効果が出ないことも明らかになっている。それでも従来のやり方を変えない人は、去ってもらうしかないだろう。

選手の感覚に寄り添うには、最低でも次の3つの要素をインプットする必要がある。

選手の現在の状況
選手のデータ（定量的データ）
選手の性格（定性的データ）

現在の状況は、質問・観察・代行によってインプットする。定量的なデータは、アナリストからのデータのほか、自ら必要と思うデータを新たに依頼する。問題は、個性としての定性的なデータである。本人に聞いても的を射たものは得られないので、対象となる選手の周囲の選手や、マッサージで会話を重ねているトレーナーなどから収集する。トレーナーは身体を触りながら会話をするため、選手も素の状態が出てしまうらしい。**もっとも有益な情報は、選手の感情である。**どのように感情を発露するのか、気持ちの揺れで行動が変わるのか、マイナス思考に陥りやすいのか、すぐに怒りを露わにしてしまうのか——。正確に感情の傾向を把握できれば、コーチングに生かすことができる。

ネガティブな方向に感情が出てしまう傾向は、スポーツ選手に多い。そうした感情を持つ選手には、パフォーマンスの振り返りにあたって、うまくいったことから話をしてもらうようにしている。

一般的に、振り返りはうまくいかなかったことから始まる。反省会という名称が、それを如実に表している。感情がネガティブに振れている選手に、ネガティブな話題から始めさせると、心理状態は完全にネガティブに支配される。すると、自身のふがいなさにさらにネガティブに陥り、うまくいったことさえ自信を持って語れなくなる。

選手を成長させるには、課題の解決も重要だ。しかし、課題を解決するにはそれなりの時間がかかる。一方で、強みをさらに伸ばすには、比較的時間はかからない。強みを伸ばすための方策は、放っておいても自分自身で主体的に考えられる。どうすればさらに強みを伸ばすことができるか、気づきも願望もスラスラと出てくるのではないか。

逆に、ネガティブな感情に支配されると、強みを伸ばす即効性のある成長がほとんど期待できなくなる。だからこそ、まずはうまくいったことから口に出させることが有効なのだ。もちろん、うまくいかなかったこともあとで話してもらう。ネガティブな性格の選手は、振り返りの順序を変えるだけで、振り返りの効果が劇的に変わる。

コーチングは、すべてを数値化できない。科学で分析しにくい領域に踏み込むことも必要である。現代は、定量化できるデータに流れがちだ。しかし、定量化できない定性的データをどう集め、どう処理するかが重要になる。非科学的な問題なので、難しいのは間違いない。その難しさを乗り越えるのは、経験と慣れしかない。

育成に関してもうひとつの重要なポイントは、選手ファーストであることだ。

コーチが自らの専門分野の指導技術を高めるのは当然のことだが、**選手優先の姿勢を忘**

れてはならない。時折、組織のなかで派閥をつくり、揉め事や業務の滞りを生み出して選手に迷惑をかけているコーチがいると聞く。権力争いや、主導権争いに選手を巻き込むのは言語道断だ。

選手の大事な情報を、派閥が違うからといって共有しない。それが原因で、選手が不利益を被る事態だけは避けなければならない。派閥争いで組織を停滞させることは、いまだにビジネス社会でもあると聞く。監督やコーチ、スタッフは、選手のために仕事をしなければならない。当たり前のことのようだが、それができないのが組織の脆弱さである。

選手が最高のパフォーマンスを発揮すれば、目の前の試合には勝てる。しかし、シーズンを通して安定して勝利を収め、優勝しようと思うのであれば、チーム全体でまとまっていなければ難しい。

そのために「みんなで戦おう」というメッセージは常に発信している。私はコーチやスタッフに対しても、チームがどういう状態か聞いて回り、選手育成に有効な打ち手について、彼らの視点から必要なことを尋ねたりする。

アナリストは、仕事上、客観的に分析をする。基本的にはデータを扱う仕事なので、主観を取り除いた分析を語ってほしい。ただ、自分の仕事を進めるなかで、選手にとってプラスになることに気づいたら、監督に伝える必要がある。

ピッチャーの配球データと被安打データとの関連から、このピッチャーは配球にカーブを織り交ぜたらもっと抑えられると気づいたとしよう。基本的にアナリストは主観的な意見を言わないものだが、その壁を越えてほしいと伝えておけば、主観的な意見も含めて監督に伝えてくれるようになる。

つまり、**現在の仕事の領域を超えた視点**を持ってほしいということだ。

ほかの領域に侵入して、勝手に荒らされるのは困る。ただ、ほかの領域で気づいた点は監督に伝えてほしい。それが選手にとって、チームにとって有効かどうかは、最終的には監督の判断になる。大事なのは、監督の判断材料をみんなで集めることだ。

たとえば、顕著にデータに表れている現象があって、それを改善しなければならないのは明らかなのに、技術コーチがまったく正反対のことを選手に指導していたとする。アナリストはそれに気づいたら、監督に伝えるべきだ。直接その技術コーチに指摘すると、無駄な軋轢が生まれてしまう。すべて監督に集約すれば、チームがばらばらにならず、選手育成のコーチングの質をより高められる。

この場合、領域を超える意見を聞く機会を設けなければ、どうしてもほかの領域に口を出し、組織の内側から崩壊する。あるいは、ほかの領域に無関心になり、相互作用による向上が望めなくなる。どちらも、選手にとっては機会の損失となる。

ビジネスでも、最近は「対話重視」を打ち出す企業が増えているそうだ。それぞれの立場が混ざり合うかたちで対話し、課題を解決することが推奨されている。

ところが、実際の現場では領空侵犯で揉めるケースが後を絶たない。その意味でも、監督にいったん意見を集約するのは、揉めることも避けられ、効果的な決断が下せる。

領域を「直接」侵犯さえしなければ、領域外で気づいた課題を集約することで、新しい発想が生まれることもある。それを推進するうえで、私はさまざまな領域のスタッフが堂々と意見を言える場をつくりたいのだ。

チームを強くするには、**専門家だけの凝り固まった発想から自由になる必要**がある。選手ファーストの大原則さえあれば、活発で柔軟な思考はチームを活性化することに必ず寄与する。その考え方をすべてのスタッフに植えつけるのも、監督の重要な役割だ。

「ツッコミどころ」を見抜き、
質問で引き出す技術を磨く。

期待値と実績のギャップを埋める

人は、自らの気づきがないと前に進まない。その気づきは、客観的な事実から、それをどのように解決するかという問いによって始まる。そのとき、自分が持っているスキルとチャレンジする課題のバランスをうまく認識できるかどうかがカギになる。

課題には、監督やコーチから見た「期待値」が影響する。この選手はこうなってほしいという期待値と、その選手が考えている課題が一致すればそのまま進めればいい。しかしそれがずれた場合、課題解決の成否に影響が出る。

ただし、いくら期待してもできないものはできない。そのときは、選手のスキルやレベルに合わせた課題に設定し直さなければならない。だからこそ、選手には自分の「現在地」について正確な認識を持ってほしい。スキルとチャレンジのバランスは、現在地の正確さが起点になるからだ。

課題が簡単すぎて、自分のスキルが高ければ、退屈でしかない。課題が難しく、自分のスキルが低ければ、やる気がなくなる。スキルと課題のバランスは、課題をクリアするごとに成長するプロセスだけでなく、モチベーションの維持にも影響する。

だが、なかなか理想通りにはいかない。期待値は、周囲だけでなく自分にもある。客観的な視点がある選手ほど、自分がこうしたほうがいいと思うことは痛いほどわかる。すると、できもしないことをやり始める。

当然、できないことは時間をかけてしかできるようにならないので、短期的にその選手は混乱する。混乱はモチベーションの低下を招くため、普段できていたこともできなくなる。結果、チームに迷惑をかける。

できもしないことをやり始めるのが、選手とチームにとって最悪のケースだ。できることをやった結果、仮に負けたとしてもそれは起用した監督やコーチの責任だ。できることに集中してほしいと、選手にはよく伝えている。

選手は背伸びをし、球界の常識を過大評価する。こうしなければならない、こうするものだ。そうした球界の奇妙な常識に縛られ、できもしないことをし始める。

わかりやすいケースに、こんな「常識」がある。

「味方が点を取ってくれた次の回は、絶対に抑えなければ勝てない」

ピッチャーがよく陥る罠である。その誤った常識にとらわれて力が入り、腕が振れなくなってボールの威力が半減する。抑えようとするあまり、普段は投げないぎりぎりのコースを狙ってコントロールを乱す。そんなケースをよく見る。

しかし実際は、点を取ってもらったあとも、取れなかったあとも、ピッチャーがやることは一緒である。相手バッターを打ち取るだけだ。自分のできることをしっかりと認識していれば、このようなことは起こらない。

これはキャッチャーにも言える。ピッチャーが不利なカウントで、バッターのきわどいインコースを要求する。コースにピタリと決まれば、打ち取れる可能性が高くなるのはわかる。しかし、そのピッチャーはインコースのきわどいコースにどんなカウントでも投げ込めるのか。そのピッチャーの「できること」という視点が抜けている。

キャッチャーが、自分のチームのピッチャーの実力を把握し切れていないことから起こる失敗だ。キャッチャーはピッチャーのすべてを把握し、それをもとに配球を組み立てる仕事をしている。その意味で、このケースはキャッチャーの職務怠慢である。キャッチャーの場合は、自分とピッチャーを二本立てで知る必要がある。

「先頭バッターをフォアボールで出塁させると、点を取られやすい」

このような「常識」もある。データの裏づけはないので、この常識はほぼ都市伝説に近い。そのような常識にとらわれると、後続を抑えなければならないと力が入り、逆に失点してしまう。誰が言い始めたことかわからないが、フォアボールを出しても、ヒットを打たれても、ピッチャーがやることは変わらない。

人は、できることしかできない。できることを整理し、できることの水準を上げることに集中すればいい。できないことを克服するのは、時間をかけてじっくり取り組めばいいのだ。育成は、できることを増やすことと、できないことをできるようにすることにほかならない。つまり、できないことを、さもできるかのようにやり始めることではない。

できることが通用しないと思えば、選手を起用しない、あるいは交代させるのは監督の仕事だ。状況に勝手に奇妙な色をつけて、奇妙なことをし始める選手がいるのは、おそらく野球界だけではないはずだ。

私は、選手のできないことをあまり考えない。選手とも、できることは話をするが、できないことをあまり話さない。選手と話をするなかで、できないことが話題に出てこないということは、その選手はできると思っているのだろうと想像する。

しかし、その選手にできないことがあるのは明らかなので、**さまざまな角度の質問を重ね、できないことをあぶり出す。**それでも出てこなければ、実際にやらせてみる。そこでできなければ、選手もできないと気づく。遠回りのように見えるが、できないことを指摘しても選手は本気で考えない。自らできないことに気づけば、それをできるようにしようとする思考と行動は早い。

マリーンズの山口航輝選手は、右のホームランバッターである。右の大砲の陥りがちなことは、インコースを引っ張ってレフト方向にホームランを打ちたがることだ。しかしインコースを打つのは簡単なことではない。山口選手はどうしてもホームランへの思いが強く、難しいインコースの球に手を出していた。ただ、2023年には、コーチングで自らそのことに気づいた。

もちろんピッチャーが右バッターのインコースに投げ切るのはきわめて難しい。投げそこねて少しでも真ん中に寄れば、簡単にホームランを打たれてしまう。山口選手も少し甘くなったインコースが来れば、しっかりと長打を放っている。何球も投げていれば、失投は必ずある。厳しいコースに手を出して凡退するのではなく、甘く来るのを待つ意識を持ってほしい。

バッターは10回打席に立って3回ヒットを打てば3割バッターという好打者の称号を手にする。ホームランも、年間30本打てばホームラン王を狙える。それほど高確率で打てなくても、打てるボールが来たときだけ打てばいい。

ところが、選手はすべての打席でヒットを打ちたいと考える。あのイチロー選手でさえ4割に届かなかったのに、普通の打者が10割バッターになれるわけがない。にもかかわらず、諦めが悪い。そこを割り切れる選手が、好打者になっていく。

できることを整理し、
できることの水準を上げることに
集中させる。

コーチを分業制にして能力を際立たせる

チーム強化のための育成は、選手が主役だ。ただ、その選手をコーチングするコーチの育成も無視できない。ビジネスであれば、経営者から見た中間管理職の育成という位置づけだろう。結果にコミットしつつ、さまざまなタイプの人に力を発揮させ、異なるタイプのリーダーシップを発揮させるために、新たな方法を模索している。

今のところ、その方法としてたどり着いたのが**コーチの分業制**だ。

現在、マリーンズにはピッチングコーチもバッティングコーチも二人ずついる。これまでは、それぞれに同じような役割を与え、同じような仕事をさせていた。業務範囲が広すぎて、何をやればいいかわからず、焦点がボヤけてしまった。自分のポリシーに基づいて指導はしているが、選手やチームにとって機能的だったとは言えない。

そこで、二人の役割分担を明確にすることにした。ひとりは戦略、戦術に特化したうえで選手と接する役割、もうひとりは選手のプレーを見てスキル、パフォーマンスの面をコーチングする役割だ。コーチも、自分のやるべきことがわかりやすくなるはずだ。

ピッチャーは、やるべきことが多い。その多種多様なやるべきことすべてに目が届くコーチがいない。そのため、必要なコーチングが網羅されず、濃淡が出てしまった。広範囲すべてに目が届く有能なコーチがいたとしても、野球チームはメンバーが多いので、すべての選手に均等に目を配れるわけではない。ひとりがすべての役割を抱えるのは、そもそも無理がある。

すでにメジャーでは、コーチの分業体制が進んでいる。技術コーチの上位にピッチングコーディネーターやディレクターという役職を置き、技術コーチを指導する役割を担っている。技術コーチそのものの分業体制も進んでいて、狭い範囲に特化した専門コーチが指導をしている。

これは、年々高度になる戦術、戦略、スキル、パフォーマンスに対応するためだ。コーチングが中途半端なものになると、選手の育成が滞ってしまう。

日本のプロ野球の場合は、監督とコーチしかいない。コーチの分業体制もほとんど進んでいない。マリーンズやホークス、ベイスターズなどがコーディネーターシステムを構築しようとしているが、まだまだ定着したとは言えない。


コーディネーターやディレクターは、必ずしもプロ野球で結果を残した人である必要はない。場合によっては、野球を経験したことがない人が就任するケースも出てくる。そうなると、パワーバランスがこれまでと一変する。実績にあぐらをかいて勉強しないコーチは、職に就けなくなる時代がやってくる。

しかし、これは乗り越えなければならない壁だ。

野球も、科学的な要素が経験を凌駕する時代になった。データを扱うことができ、それをうまく翻訳して選手に伝える能力が求められるようになる。

ただし、科学的根拠だけでは野球は機能しない。プレーするのは人間なので、データと人間を「接続」する存在が必要になる。しかも、人間の行動にはモチベーションというやっかいなしろものが関わってくる。選手のモチベーションを上げる能力も、コーチに求められるようになる。この両者が相まって、選手は成長し、チームは強くなっていく。

現在の問題は、プロ野球ではほとんどが、実績を挙げた人がコーチになっているということだ。優れた実績があるため、アナリストが分析したデータより、自分の経験を選手に押しつける。

たしかに、素晴らしい実績を挙げた能力は評価する。しかし、客観的なデータで見たアナリストの分析のほうが正しいことは明白だ。コーチの経験だけに基づいてコーチングをしても、それにはまる選手は100人にひとりぐらいだろう。それでは、チームとして成長できない。

効率よく、確率高く選手とチームを成長させるには、データ分析に長けている人を上手に活用したほうがいい。メジャーリーグをはじめ、日本のプロ野球の流れもそちらに向かっている。

ただし、**データを中心とした「科学野球」と、経験に基づく「非科学野球」は、一時的に衝突する可能性が高い。**

メジャーリーグも、10年ほど前から科学野球に振り切った。だが、それだけではうまくいかないことが明らかになった。そこで、昔ながらのやり方が再評価され、経験を積んだ技術コーチが現場に戻った。科学野球をうまくミックスしたことで事態は好転し、現在の隆盛に至っている。どちらかに偏ると、選手のパフォーマンスは上がらない。

世の中が複雑になり、多くの情報が氾濫するなかで、ひとりのコーチにすべての役割を担わせる「オールラウンドコーチ」は限界がきている。選手たち自身もさまざまな情報にアクセスできるようになり、より個性的になっている。そんななか、たったひとりのコーチがすべてを見るのは不可能と言わざるを得ない。

むしろ、範囲を絞って専門性を高めないと、知識を蓄えた選手たちに何を言っても説得力がない。かつてのように「言われた通りにやれ！」という押しつけの指導は、まったく通用しない世界になっている。

監督でさえ、独裁で指揮することが通用しない。

業務が細分化された専門性の高いコーチが、選手とともに日々切磋琢磨する。監督はその環境を整え、それを俯瞰し、最終決断をする。広範な業務から解放された監督は、勝利により近づくための戦略、戦術の策定に特化する。かえって、チームづくり、勝利に対する責任が増すことになる。

責任が増しても、監督ひとりが考える思考には限界がある。偏りと穴は生まれる。それを正常化するには、多くのチームスタッフの意見を集約し、さまざまな意見のなかから最適なものをチョイスし、決断するしかない。

育成の視点も欠かせない。目の前の勝利のための戦略と、中長期的な育成を進めながら勝利に近づく最適解を見出し、全体的かつ長期的なマネジメントも監督の役目になる。言うまでもなく、勝利という結果が責務であることに変わりはない。

監督になってみて、そうしたグランドデザインを検討する時間が足りないことを痛感している。多様な意見や知恵ももっとほしい。チームには、思慮深い人が多数いる。その人たちの知恵を借りながら、野球経験者としての野生の勘とミックスさせ、より魅力的で強いチームを構築したい。その源となるのが、主体的な思考と行動から生まれた、スキルフルでハイパフォーマンスな選手たちである。

コーチは範囲を絞って
専門性を高めるべきだ。

「ひとりで考える時間」を確保する

さまざまな局面で私は「データ7割、野生の勘3割」で判断している。それはコーチ時代から、監督になった今も変わらないバランスだ。

野球の試合は、バスケットボールやサッカーに比べて緩やかに動いているように見えるが、1球ごとに状況が変わるため、さまざまな思考や決断を常にハイスピードで進めていかなければならない。

瞬時の判断を下すにあたって、複数のデータを比較検討する時間はない。ある程度は野生の勘に頼らなければならない場面がある。その感覚値として、私のなかでは3割というウエイトは変わらず続いている。

この野生の勘は、これまでの野球人としての経験と、コーチ時代から監督になって体験した蓄積によって研ぎ澄まされていく。試合のなかで、練習のなかで、あるいはそれ以外の時間にも、常に物事を考えておかないと、野生の勘は出てこない。日常からさまざまなケースを想定し、さまざまなデータを頭に入れながらシミュレーションを行っていなければならない。

その意味で、**忙しい監督業務のなかで「ひとりで考える時間」を確保することは、監督としての必須の業務と言っていい。**

私の場合、シーズン中は常に考えている。考える時間を設けるわけではなく、空いている時間に考え、何かをしながら考える。試合がある日は、ホームゲームでもビジターゲームでも、監督室でいつも考え事をしている。

伸び悩んでいる選手の育成方法について考え、二軍にいる有望株を一軍に上げる方法を考えることもしばしばある。

具体的には、和田康士朗という足の速い代走がメインの選手がいる。和田選手は足が速く守備がうまいので、彼が毎日センターを守ってくれれば、チームの守備にとっては絶対にプラスになる。しかし、彼は打撃にまだまだ課題がある。得点力不足を考えると、少しぐらい守備が下手でも、打撃が好調の選手を起用せざるを得ない。

和田選手のバッティング技術が向上すれば、センターのレギュラーポジションを取れるのではないか。そのためには、和田選手をどのように起用していけばいいだろうか。チームにとってプラスになる能力を持っているのに、何かが足りなくて試合に出場できない選手は多い。そうした選手の能力を、どのようにしたら伸ばせるか。そういうことも常に考えている。

育成について考える際、選手自身が抱く将来像が参考になる。メジャーリーグに行きたい選手には、そこに到達するための方策を考えてあげたいからだ。育成については、選手自身の希望に近づけるように協力していきたい。

たとえば、目の前のバッターを抑えるためだけであれば、変化球を多用して抑える方法を選択すればいい。

「でも、ゆくゆくはストレートを操れないと、限界が来る。少々打たれてもいいから、ストレートを多めに使ったほうがいい」

「三振を取れるピッチャーのほうが絶対に有利。メジャーを目指しているなら、三振を取る配球を考えなさい」

と言っている。野手についても、これからやっていきたい。

育成は、長期的に段階を踏んでいくのが理想だ。しかし、監督の契約期間が長期にわたることはない。実績を挙げて複数年契約をする選手を除けば、選手も1年契約の積み重ねが基本である。5年、10年というスパンで育成を考えるのは監督の仕事ではない。フロントの仕事である。しかも、選手が5年後、10年後にどうなっているかを想像するのは難しい。ドラフトやトレード、フリーエージェント、外国人など、これから先、現時点ではいない選手が入ってくる。5年後、10年後のチームの姿を想像し、そのうえでシミュレーションを考えるのは不確定要素が多すぎて困難である。

ただし、高卒で入団する選手は5年スパンで見る。5カ年計画とメディアでもよく取り上げられている佐々木朗希投手がその好例だ。それ以外は、2年から3年のスパンが中心となる。育成を考えるといっても、現在のメンバーの能力で勝利を目指す。育成の割合は、1割から2割といったところだ。

「データ7割、野生の勘3割」が
勝つためのベストバランスだ。

第4章 「**心理的安全性**」を確立しチーム力を高める

勝てる組織に欠かせない「チーム力」とは

スポーツの世界では、よく「チーム力」という言葉が使われる。このチーム力という言葉は漠然としていて、人によって解釈が違う。私の解釈はこうだ。

「選手個々がそれぞれの特徴をいかんなく発揮しながら成長し、同時にチーム内にある一定のルールを守れているチーム」

この解釈が満たされているチームが、チーム力が高いと考えられる。

すでにお話しした通り、個人がそれぞれの特徴を出すことは、選手それぞれが主体性を有して自分で考える力を持ち、その考えに基づいて行動できることを意味する。

ただ、主体性を持った個人が「一匹狼」の集団では、結果は出ない。そこそこ勝てるだろうが、おそらく優勝はできない。なぜなら、選手個々がひとつの目標に向かって力を結集することができないからだ。

どこかに「ひずみ」が生まれ、不平不満が噴出してネガティブな方向に向かう。チームを優先する考え方が持てないと、チームより自分の成績を優先させ、自分の評価を得るためにエゴイスティックな振る舞いに走ってしまう。チームの目標を達成しなくても、自分の目標さえクリアすれば、評価されると考えるからだ。


この状態に陥らないために「協調性」が必要になる。

各球団によって考え方に違いがあるが、プロ野球チームはおおむね70人から90人の選手を抱えている。このうち、一軍の試合に出場できるのはわずかしかいない。必然的にチーム内で競争が行われる。だから、決して「仲良しクラブ」ではない。

しかし、選手だけではなくスタッフも含めて、チームを構成するすべてのメンバーの力を結集させなければ、優勝という目標には近づくことができない。一匹狼の野武士集団と呼ばれた1989年の近鉄がリーグ優勝したケースもあるが、最終的には日本シリーズで巨人に負けているので、最後のピースが足りなかったと言える。

その最後のピースこそが、チーム力と呼ばれる底力である。底力、勝負根性、最後のもうひと踏ん張りは、すべてのメンバーで共有している大目標がないと、最後の最後で詰め切れない。

もともとはばらばらだった集団が、大きな目標が決まって団結したら、それまでとは明らかに違うチームになる。これが底力だ。

これは、アメリカ人がよく言う「mojo rising」である。アメリカ人が使う「mojo」というスラングは、さまざまな意味で使われている。

「言い表せない魅力」

「人を惹きつける不思議な何か」

「勝利を呼び込む運」

私は、言葉では言い表せないような「得体の知れないパワー」が出てくるのが、チーム力だと考えている。

どのような集団でも、個が強くなければ集団としての強さも生まれない。しかし、その強い個が何らかの目標によってひとつの方向に収れんしたとき、言語化できないパワーが生まれる。それこそが、組織におけるチーム力ということになるのだろう。

これをイメージするには、中学生や高校生のときの文化祭や体育祭を思い出していただければいい。日常とは明らかに異なる空気感と、中学生、高校生という限られた年代でしか経験できない希少性によって何かが刺激され、クラス全体が独特の連帯感と高揚感を醸成し、爆発的なパワーを生み出す。しかし、宴のあとは、まるで何事もなかったかのような日常が戻ってくる。そうした経験は、誰もがしているのではないだろうか。

本書でも、メジャーに在籍していたときの経験談を書いた。普段は淡々とプレーしていたチームメイトが、優勝が見えたときに結束し、まとまる様は、この感覚に近い。

大切なのは、ある瞬間をきっかけに高揚感が生まれたときに、**チームがひとつになれるかどうか**だ。それは、日ごろからチームに書かれざるルール（unwritten rule）があり、それを個々が無意識に感じているかどうかによる。

これまで、私は個々のパフォーマンスを上げるために、意識して言語化することの重要性を説いてきた。言語化する過程で得られる気づきによって自分を客観視し、自ら主体的に行動することでしか、成長が見込めないと考えているからだ。

しかし、集団における書かれざるルールを言語化してしまうと、潜在化していたものが顕在化し、それゆえにルールに縛られる。

「○○しなければならない」

「○○してはいけない」

この縛られる意識が明確になったとたん、思考や行動は小さくなる。

私が説く主体性は、何を考えてもよい、何をやってもよいという心理的安全性がベースにある。発想を広げることで選択肢を多様化し、可能性を広げることが狙いだからだ。ところが、書かれざるルールを言語化すると、その発想に蓋をしてしまう。

ひとつの目標に収れんしたとき、
言語化できないパワーが生まれる。

変えるべき文化、残すべき文化

組織におけるチーム力には、組織が営々と積み重ねてきた文化も影響している。

マリーンズにピッチングコーチとしてはじめて入ったとき、選手たちがコーチ陣や監督の顔色をうかがいながらプレーをしているように感じた。この書かれざるルールがあると、主体性は絶対に育たない。絶対になくさなければならない文化だと考えた。

さらに、マリーンズは調子に乗ったときには爆発的な力が出るが、乗らないときはとことん沈む。相手が弱いとき、自分たちの調子がすこぶる良いときは、とことん前に行く。今日はダメだと思ったら、無抵抗で終わってしまう。自分たちで何とかしようという気持ちは持っているかもしれないが、それがあまり伝わってこない。そんな第一印象だった。

こうした組織の文化の変革を担うのも、監督の仕事だ。

監督の目や言葉は重いので、監督の責任で変えたほうがいい。監督の任期は限定されているが、1年もあれば組織の文化を変えることは可能だ。富士山にたとえると、7合目から8合目までは登ることができる。

ただ、文化を急激に変えることはできても、それを定着させるには時間がかかる。監督としての私の役割は、変革の種をまき、芽を出させ、水をやり、すくすくと成長させていくことだ。その芽がゆるぎない大木となるには、もう少し時間がかかる。

ただし、**チーム力を高めるときによく言われる「チームのきずな」は必要ない。**少なくとも、私がチームを構築するうえでは考えていない。


そのひとつの例として、優勝旅行に選手が参加しないケースが挙げられる。

2023年シーズンにパ・リーグで3連覇を果たしたオリックスは、2023年12月12日から1週間の優勝旅行を挙行した。場所はハワイ。だが、自由参加ということもあって不参加の選手も多かったという。

その理由のひとつは、円安と日米の物価の違いだ。当時の円ドルレートは1ドル140円程度、アメリカの高騰する物価も二の足を踏む理由になった。1週間という期間もネックになった。だったら練習したいという選手もいて、お金と時間の効率を優先させる選手が、若手を中心に見られたという。

私も、優勝旅行には「行きたくない派」である。面倒くさいし、球場以外でチームメンバーに会わなくてもいいと考えている。性格的にも、私はひとりを好む。寂しがり屋のくせにひとりが好きという面倒な性格なので、野球以外の集団行動は苦手だ。

人によって感じ方は異なるが、私は野球（本業）以外のつながりや、個人的に濃密なつながりなど、ウェットで情緒的なものはチーム力に必要ないと思っている。

かつて、企業内の一体感を高めるために社員旅行や運動会が盛んに行われた。しかし個の時代へ移行するにつれて、その文化は衰退した。ところが、昨今その風潮が戻りつつあるという話を聞いた。一体感やチーム力を高めるための施策だろうが、社員の親睦を深める程度で終わっているように見える。

チームメイトと呼ぶぐらいなので、チームのきずなという考え方はあるのだろう。もちろん、きずなから何かが生まれることもあるとは思う。しかし、一緒に戦っているのだから、戦場以外で会わなくてもいい。あえて優勝旅行や決起集会は必要ないと思う。

メジャーで投げていたころ、ニューヨーク・ヤンキースのローテーションピッチャーに話を聞いたことがある。ヤンキースでは、あるカード（通常は3連戦）の初戦に投げる投手は、2戦目、3戦目に投げる先発ピッチャーが楽に投げられるような配球をしながら抑えなければならないそうだ。当時の私からすれば、そこまで難しい要求をされるなんて、さすがはメジャーリーグを代表する球団だと感嘆した。

日本にも、同じようなことを言う投手がいる。しかし、数は少ない。相当にレベルが高くなければ、そんな芸当はできない。チームにとっては、レベルの高い選手がいたほうがチーム力は上がる。レベルの高い選手ほど社会人力も高い傾向があるので、チーム力にとっては別の意味でプラスになる。

その顕著な例が、WBC日本代表チームにおけるダルビッシュ選手のような存在だ。

現場で見ていて感じたのは、ダルビッシュ選手がチームの「文化」をつくり、チームのレベルを上げたという実感だ。もしダルビッシュ選手が「嫌な先輩」だった場合、チームにマイナスの影響を与えてしまっていただろう。その存在感の大きさゆえ、ほかの選手を委縮させていたかもしれない。

チーム力を高めるほどの影響力を持った選手を育てるのも監督の仕事だ。ある選手がチームに影響をもたらすように仕向けていく。本人には、絶大な信頼を持っていることを伝える。育てるとはいえ、実際には、機会を与えることしかできない。

本音を言えば、監督がやらなければならない仕事かどうか、悩ましい。ただ、プロフェッショナルの集団とはいえ、若い選手が多いプロ野球の場合は、パフォーマンスと同時に人間性や社会人力も身につけてもらわなければならない。そのための手段として、人格者でもある選手を育成するのは、監督の役割なのだろう。

プロ野球は、スポーツチームとして勝敗という結果が問われるだけでなく、サービス業の一面も持っている。ファンあってのプロ野球だ。人間として著しく問題がある選手はファンからも応援してもらえない。現役時代の素行が必ずしも褒められたものではなかった私が言うのもどうかと思うが、現代では必須の素養である。

組織の文化の変革を担うのも、
監督の仕事だ。

安心して戦えるチームをつくる

すべての分野において、失敗を怖がって委縮すると、期待する結果は得られない。とはいえ、私は選手に「失敗していいよ」とは言っていない。

とにかく自分のできることにトライしようと伝え、失敗したときには叱らない。それよりも、何ができて、何ができなかったか、できなかったのはなぜかを選手に語らせ、次からどうしていくかを明確にするプロセスを重視している。

あえて「失敗していいよ」と言わないのは、選手たちが失敗したくないと思っているのが十分に伝わってくるからだ。あえて失敗について言及しなくても、選手たちが失敗してはならないと痛いほどわかっているからだ。だからこそ、失敗したときのプロセスさえ踏んでおけば、選手が失敗を恐れてトライしなくなることはない。

失敗しても叱責されず、次善の策を監督やコーチと話せるということは、失敗に対する恐怖を取り除いてくれる。むしろ、失敗したプレーにおいて、自分のプレーのなかで何が起こっていたかを深く考えるようになっていく。

叱責は、うわべの話で終わる。それでは、また同じ失敗をする。失敗を責めずに次の機会を与えても、原因と次の行動を深く洞察しなければ、失敗した地点と同じ場所に立ち続けることになる。これでは、選手は成長しない。

しっかりと内省すれば、同じ失敗をすることもあるが、少なくとも最初の失敗と同じ場所に立ち続けることはない。失敗からほんの少しでも前に進むことを繰り返せば、選手たちは失敗を恐れずにトライするようになる。

2023年シーズンにおいて、マリーンズはバントの成功率が高くなかった。多くのケースで失敗が繰り返されたが、それを叱責することはなかった。

重要なのは、バントの成功率が低いという事実について、選手個人だけでなくチーム全体でも理由を考えることだ。出てきた理由について監督、コーチ、選手がオープンに議論し、解決策に向かって行動することで徐々に改善に向かう。叱責すれば改善に向かうなどということはあり得ない。

ヒットエンドランもそうだ。ヒットエンドランでランナーを進めるには、最低でもゴロを打たなければならない。最近の傾向として、バッティングの主流は、ライナーやフライを打つ傾向にある。にもかかわらず、バッターは、ライナーやフライを打つためのスイング軌道になっている。ヒットエンドランのときだけはゴロを打つためのスイングに軌道を変えなければならない。対応し切れずに空振りをするケースが増え、ランナーもセカンドやサードでアウトにされてしまう。

監督、コーチ、選手が、この問題について話しているうちに原因に気づく。スイングの軌道の問題であれば、簡単な解決策はない。そうなると、監督は失敗することを前提でサインを出すか、選手はスイングの軌道をそれほど変えずにゴロを打つ方法を模索する。失敗をしないために「やらない」のではなく、やることを前提に結果をコントロールするにはどうしたらいいかを考えるようになる。

試合中、監督の私が采配ミスをすることもある。そのときは、何がミスの原因になったかを熟考する。自分で気づくことができればいいが、必ずしも自分なりの解にたどり着けないこともある。

そのときは、客観的なデータを再考したり、コーチに意見を求めたりする。マリーンズには優秀なコーチや優秀なアナリストがいるので、その事象を客観視し、自分とは違う目で見てくれる人と会話をする。**自分と違う視野でものを見ている人の意見は貴重だ。**

私は、気分が悪くなるのを覚悟で、負けた試合のあとにファンのコメントを見て参考にすることもある。ファンの目線に立てば「たしかにそうだ」という意見がある。もちろんこちらにはこちらの事情もあるため、ファンの意見をそのまま実現できるかどうかは別の問題だ。ただ、チームを勝たせたいのはどちらも同じだ。それらの意見を参考に、考えを巡らすのは有意義な時間だ。

チームを率いる監督が、自らの失敗の原因を突き詰めるのは当然だ。それはどの監督もやっていると思う。しかし、それをチーム全体にオープンにし、自分より社会的パワーが下位にあるコーチやスタッフに意見を求める人は多くはない。その姿を見せることで、心理的安全性が担保されるのではないだろうか。

今、ビジネス社会でも盛んに言われているのが**「心理的安全性」**である。

間違った意見を言っても叱責されない、失敗しても評価が下がらないという安心感のある組織のほうが、トータルで結果が出るという考え方だ。私は、プロ野球チームにも心理的安全性が必要だと思う。間違っている意見などなく、違うだけだ。失敗しても成長すればいい。そうした安心感があれば、人は積極的になれる。

もともと、プロ野球選手は成果が出ないと二軍に落とされ、それでも成果を出せなければクビになる。しかし、ある程度までは失敗を許容しなければ選手は伸びない。間違った考え方から一歩も出ず、同じ失敗を繰り返すようでは見込みはないが、主体性を持って現状から前に進もうとしている選手は、すぐにクビを切られることはない。その意味で、選手にとっては心理的安全性が担保されていると考えていい。

とはいえ、二軍に落ちる恐怖、クビになる恐怖、失敗できない恐怖はそう簡単に拭えない。では、選手を評価する立場の監督として、心理的安全性が担保されたチームにするためにできることはないのだろうか。

それが、**起用の仕方と配置転換の根拠**にあると考える。

先発ピッチャーが打ち込まれて火だるまになっても、基本的にはローテーションを外さない。リリーバーの場合は、ピンチの場面で打ち込まれたとしても、もう一度同じ場面で起用する。仏の顔も三度までという言葉があるが、私の場合は3回続けて火だるまになるまでは、このスタンスは変えない。

3回続けて打ち込まれるのは、本当に調子が悪いか、実力不足と判断する。そこまでのチャンスを生かせない場合、本人がいちばんよくわかっている。ここまでくると、心理的安全性とは別次元の話になる。

むしろ、同じ場面で使われれば、選手は燃える。同じ場面で失敗した自分に、同じシチュエーションでチャンスを与えてくれたことを意気に感じ、気合いが入る。そこで燃えない選手は、やがて淘汰されていく。

また同じ失敗をするのではないかと恐怖に駆られ、燃えるどころか怖がる選手もいないわけではない。そういう選手は、勝負の世界には向いていない。二軍に落としても、二度と這い上がってこない。これまでに何人か見たことがあるが、その覚悟がないと、プロに入っても通用しない。

選手を二軍に落とすときも、なぜ落ちるのかについての根拠の説明が必要だ。その根拠となった点を改善できれば、また一軍に上がれるチャンスがあると伝える。

返り咲くチャンスがあることも、心理的安全性のひとつのかたちだろう。さまざまな場面で生じる恐怖心を選手に感じさせない工夫も、監督が成すべき役割のひとつだ。それがチーム力を高めることに直結する。

失敗を恐れず
チャレンジできる環境が
結果を生む。

チーム力を飛躍させる「打ち手」

選手個人が主体的に考えることによって自ら気づき、あるいは監督やコーチとの会話から気づきを得て変化する。そこを起点に始めた行動でも、うまくいくケースと失敗するケースがある。失敗した場合は、再び主体的に考えて気づきを得るためのループに戻っていけばいい。うまくいったケースも、そこからさらに新しい課題が生まれるはずなので、やはり主体的に考えて気づきを得るためのループに戻っていく。このループを高速かつ数多く回していくことで、選手は急激に成長していく。

そのようなループで成長した選手が個々に影響を与え合うことで、あるいは有機的なつながりを持つことで、チーム力は上がっていく。

今までは自分のことしか考えられなかった選手が、自分のことを主体的に考えて成長した結果、新たな視点を獲得する。その視点をほかの選手に向けることで、自分だけでなくほかの選手にも気づきを与えられるようになる。この相互作用で、選手はお互いに成長していくことになる。これが、チーム力を高めることにもつながる。


一般に、自分のことで精いっぱいになると、周りが見えなくなる。そうなると、さらに自分だけの世界に入り込み、混乱し、迷路にはまり込んでいく。主体的に考えて気づきを得て、そこから成長するプロセスを経なければ、周りが見えるようにならない。

一度調子を崩して迷路に入り込んでしまうと、自分のことしか見えなくなる。そうなったとき、どうすれば周りに関心を持つことができるかを気づかせるのも、監督の役目になる。

自分の成績が良くないと、人に構っていられない。自分の成績が良くないのに、偉そうに人にものを言うなんておこがましい。そんなときは、無理に言わなくていい。ただ、ほかの人を見ることだけは継続してほしいと伝えている。

「良いときのあいつのプレーはこうだけど、今はこうなっている」

そうした視点を持つことでも、自分のプレーに気づきがもたらされる。

お互いに影響を与え合うのは、言語化して相手に伝えることが主な行動だが、決してそれだけではない。非言語によるコミュニケーション、つまり**関心を持ち合うことで影響を与え合う**意味もあるはずだ。言語、非言語両面で相乗効果があれば、チーム力は上がる。

チームの成長度合いにもよるが、そういうレベルの高い選手たちが数多くいると、若い選手に計り知れない影響を与える。


監督のアプローチとしては、まずはこんな質問をする。

「あいつのプレー、どう思った？」

見ていなければ、関心を持つきっかけになる。見ていれば、それに対して深く考えていなかった自分に気づく。多くの選手は、チームメイトのプレーを見ている。しかし、関心がなかったり、余裕がなかったりすると、そのプレーについて深く考えない。

マリーンズの二軍では、その訓練をしている。試合が終わったあとに、選手同士で振り返りを行う。ある選手のプレーに対し、別の選手に質問役をやらせる。必然的に、ほかの選手のプレーを見る習慣が身につく。それを繰り返すことで、ほかの選手のプレーについて深く考察するようになり、やがてそれが自分の内省のコツを身につける訓練になる。

一軍の試合は夜遅くに終わるため、翌日のコンディションを考えると、あまり時間がない。そうした事情もあって、二軍のような振り返りはやっていない。しかし、理想を言えば選手たちで積極的にやってほしい。二軍でその習慣を身につけておけば、一軍に上がってもそれが日常になる。

メジャーリーグにおいて、少なくとも私が所属したチームは、試合後のロッカールームで選手個々が振り返りを行っていた。

「あのときのあのプレーは……」

アメリカ人の文化的な習慣なのか、強い口調で議論していた。先輩が後輩を叱り飛ばしている光景も見られた。ただし、その議論はロッカールーム内で終わる。**言ったこと、言われたことを根に持たない。**マリーンズにも、そういう文化をつくりたい。

私も、ある同僚からこう言われたことがある。

「良いバッターは、おまえのいちばん得意なボールを待っている。バッターを追い込んだときは、それを待っているから気をつけろよ」

私は、それ以後、その助言を頭に叩き込んだうえで、さまざまな打者に対して配球を組み立てていった。

言葉と行動、両方から
チーム力を高める。

チーム力を高めるコミュニケーション術

①個別に呼んで話をする

何か問題を抱えていそうな選手は、1対1でのコミュニケーションを図る。その問題の話が出てくるまで、さまざまな角度から質問をする。ある言葉をきっかけに、こちらから水を向ける。

「おまえ、もしかしたら、こういう問題があるんじゃないの?」

「えっ、何でわかるんですか」

そこから、一気に話を広げていく。コーチングの「質問力」である。質問力の要諦は第

2章でご紹介した。さらに詳しく知りたい方は、前著『最高のコーチは、教えない。』をご参照いただきたい。

先発ローテーションの柱となる小島和哉投手は、2023年シーズンの前半は調子が良く、勝ち星を重ねた。しかし、中盤になって調子を落とした。メディアに対しては、小島投手の調子が良くても悪くても、厳しいコメントを出していた。それは、小島投手がマリーンズの先発ローテーションの柱になってもらいたいからだった。

しかし、調子を落としてから、いっこうに戻らない。彼が落ち込んでいるときに、監督室に呼んで話をした。ピッチャーは誰でも、バッターを抑えたい気持ちが強い。その気持ちが好循環に結びつくこともあるが、彼の場合は抑えたい気持ちが強くなりすぎ、丁寧に投げすぎていた。丁寧さを追求するあまり、大胆に腕が振れず、窮屈な投げ方になっている。その結果、コントロールが定まらない。ボール球が先行し、ストライクを取りにいった甘い球を打たれ、結果を出せなかった。小島投手には、普段通りの投球で十分に通用することに気づいてもらいたかった。

「今のピッチングは、自己採点で何点だった？」

「今のピッチングで、評価できるポイントは何？」

「今のピッチングで、悪い点はどこ？」

「今、失敗していると思っているところはどこ？」

「もしその場面に戻れるとしたら、何をしたい？」

「そのために、何ができる？」

とにかく質問攻めにした。私は、会話のなかでもっと大胆になって以前の投球フォームを取り戻せばいいことに気づいてもらいたかった。

それ以後、小島投手は少しずつ調子を取り戻していった。

小島投手が変わったことで、ほかの選手に好影響を与えた。苦しんでいた時期を乗り越え、要所で素晴らしいピッチングをしたので、見ている野手も小島投手の頑張りを感じ取っていた。その結果、攻撃の集中力が上がり、相手投手を打ち崩した。

2023年の最終戦、負けたら4位、引き分けで3位、勝てば2位という痺れるような試合で、小島投手は7回まで東北楽天を無得点に抑えた。その快投に打線も奮起し、東北楽天のエース則本昂大投手から2点を奪い、継投した宋家豪投手、渡辺翔太投手からも3

点を奪い、最終的に5対0で勝利を飾った。これによりリーグ2位が確定し、クライマックスシリーズをホームゲームで開催することができた。

ピッチャーが懸命に投げていると、バッターに好影響を与える。「俺たちが助けてやらないと」という感覚が芽生え、奮起するという話を聞く。私は野手をやったことがないので本当のところはわからないが、試合後のインタビューでそう口にする野手は多い。ともあれ、小島投手の奮闘がチームを勝利に導いたことは確かである。

開幕当時は「やってやる」という強い気持ちを持ち、成績が悪ければスタメンを外される緊張感から、充実したメンタルで試合に臨んでいる選手が多い。しかし、シーズンが進むにつれ、スタメンで試合に出られるのが当たり前になり、開幕当初の強い気持ちと緊張感が薄れる。私も現役時代に思い当たる節があるので、選手が陥りやすい落とし穴なのだろう。

もちろん、選手には勝ちたい気持ちはあるはずだ。活躍したい意欲もある。ただ、毎日のプレーで徐々にその気持ちがぼやけ、気が抜けてしまうことはよくある。

私のなかでは、そういう選手は自然に淘汰され、また別の選手が台頭してその座を奪っていくことで、新陳代謝が起こると思っている。プロフェッショナルとして、わざわざ監督が指摘しなくても気づくだろうと思う。気づかなければ、それまでの選手だったということで、監督としては起用しないだけだ。

ところが、コーチからそれを放置してはならないと指摘された。

「僕が叱っておきます」

コーチはそう言ったが、むしろこれは良いチャンスだと思った。

「ワシがやる」

ベテランを除く、おおむね25歳以下の選手を集めた。

「最近どう？」

私が話題に上げたのは、ある試合の前、セレモニーでの出来事である。チームのルールでは、試合前の国歌斉唱のときには、ベンチ前に整列して聴くことになっている。しかしその試合で選手は誰も整列せず、並んだのはコーチだけだった。

「誰も整列していなかったけど、どういうことなの？」

「開幕のとき、おまえらどう思っていたんだ？」

その問いかけに、選手それぞれが話し始めた。おそらく、自分たちの気の緩みに気づいて「しまった」と思ったのだろう。叱らなくても、問いかけだけで十分だ。

「じゃあさ、もう一度気を引き締めて、みんなでハッスルプレーをしようよ」

その言葉でミーティングを終えた。その試合から、選手たちは再び開幕のときの気持ちを取り戻したようだった。

プロ野球選手は、クビになったときにこう思う。

「もっとちゃんとやっておけばよかった」

後の祭りだ。しかし、プロ野球選手に限らず、あらゆる職種でこのようなことが繰り返されている。もちろん、これは選手本人の責任だ。しかし、チームをマネジメントする監督としては、そこまで目を配る必要があるかもしれない。

新卒で入ってくる若い選手は心も身体も未熟だ。学校のクラブ活動の延長のような意識でプロに入り、自分が生きていくための糧として野球をやっているのに、それをわかっていない選手が多い。

本意ではないが、監督やコーチが若い選手に対してはしっかりと「指導」しなければならないかもしれない。とくに二軍はそれを叩き込む場として機能させ、その**意識の高い選手の集まりが一軍という状態にするのが理想**だ。

1対1で話を聞き、核心に迫る質問を繰り返す。

②雑談

雑談は、情報の宝庫だ。

私が雑談をするのは、2つの意図がある。ひとつは、雑談するなかで偶然に出てきた話題を拾うことだ。もうひとつは、ある情報を引き出すために雑談を組み立てていく場合である。いずれにしても、話をしているうちに興味深い話題になった時点で、それを掘り下げることが欠かせない。

情報を得るためには回数と時間が必要だ。**ある程度の時間をかけて雑談をしないと、求める情報に行き着かない。**そこで私は、雑談をするためにさまざまな場所に出向き、選手やスタッフを見つけては声をかけている。

ある選手を狙って雑談しに行くこともたまにはあるが、基本的には「場所」を目指す。たまたまそこにいた選手やスタッフをつかまえる。食堂、ウエイトルーム、バッティング練習時の外野（球拾いをしている）など、球場内には雑談場所が数多くある。

場所で選んでいると、そこに来る人の顔ぶれも決まってくるため、雑談相手が偏ってくるのに気づく。そのときは、別の場所に行く。

雑談が苦手なのは、若い選手に多い。私を「怖いおっちゃん」と思っているようだ。私も若いころは監督や先輩が怖かったので、理解はできる。だが、自分の年齢は意識しないようにしている。若い選手にも迎合せず、若い人の話題に合わせることもしない。

ベテランに対する気遣いはする。彼らはそれなりに頑張ってきた結果として現在のポジションを確保しているので、プライドを尊重して話すようにしている。

ただ、いろいろなことを考えすぎないようにしている。考えすぎると、言葉が出てこなくなるからだ。たまたま出てきた言葉に食いつき、言葉が出てこなければ質問を重ねて会話を広げていく。これは、訓練すればできるようになる。

雑談ができる関係性をつくると、選手のほうから話しかけてくるようになる。ベテランの角中勝也選手は、ピッチングコーチ時代は話したことさえなかった。しかし、監督に就任してから話しかけているうち、角中選手のほうから話しかけてくるようになった。選手から話しかけてくれるようになると、こちらがやってほしいことも聞いてくれる。

ダルビッシュ選手や大谷選手は、主体性を持って自分で課題に取り組むことで、きわめて速いスピードで成長してきた。ダルビッシュ選手は、人の言うことは聞かず、自分で考えてやるタイプだ。ただ、ほかの人に興味があるので、話は聞く。

大谷選手は、自分が納得しない限り人のアドバイスは聞かないと言っていい。ただ、大谷選手は何年か前に、ピッチングについて科学的に教えてくれる、米シアトル郊外にある「ドライブライン・ベースボール」という施設に足を踏み入れている。あるいは、教えてほしいという気持ちは持っていたのかもしれない。ただ、自分の感覚に合う人がいなかったため、指導を仰ぐスタイルは取ってこなかったのではないかと思う。

佐々木朗希選手も、それに近い。自分が納得しないと動かないのは、ダルビッシュ選手や大谷選手と重なる。素材としては一級品だが、ダルビッシュ選手や大谷選手のような結果を残せるかどうかはまだわからない。自分の考えだけでものごとを判断していると、落とし穴にはまる可能性もないわけではない。まだ20代前半。これから、探求心を持っていろいろな可能性を探ってほしいと思う。

雑談は情報の宝庫、
気軽に話せる関係をつくる。

③振り返り

振り返りの手法については、前著『最高のコーチは、教えない。』に詳しく書いている。これまでも出てきたエッセンスは次の通りである。

なぜそのプレーになったのか、自分で分析させる
そのために、無意識で動いたプレーを客観視させる
客観視したものを掘り下げて理由を探らせる

このとき、監督やコーチは答えを言ってはならない。徹底的に自分の言葉で語らせることを貫かなければならない。そのときのマジックワードは「なぜ？」「どうすればよかった？」「どうしたい？」である。

監督になってからは、選手個々と振り返りをやっていない。コーチから報告として文書で上がってくるものを見ている。

とくに二軍にいる若い選手たちは、試合の結果よりも過程が大事であることを理解してもらわなければならない。練習の取り組み方、プロ野球選手としてあるべき優先順位などだ。そういうことがわかってくれれば、自然と社会人力もついてくる。

振り返りは、もちろんプレーが中心になる。しかし、それは人間的な部分にも及んでいく。専門的な技術や知識を教える指導行動と、心理的、社会的な成長を促す育成行動を両面で進めていくのが、振り返りの目的である。

④選手を鼓舞するミーティング

毎日行われるミーティングは、戦略や戦術を徹底するためのものが多い。しかし、戦略や戦術だけを徹底しても、チーム力が高まるわけではない。選手のモチベーションを高めることも重要だが、このモチベーションというのが曲者だ。

プロ野球選手とはいえ、常に高いモチベーションでプレーできているわけではない。ときにはモチベーションを上げるための「ペップトーク」が必要だ。ペップとは、元気、活力、活気を意味する言葉である。

2023年シーズン、私はモチベーションを上げるミーティングを何度か行った。あまり得意な分野ではないが、監督としてやるべきときはやらなければならない。

前半戦、若手が思うように結果を出せなくても、チャンスを与えていた時期がある。しかし、結果にかかわらずチャンスは与えられるものという意識になってしまい、プレーに覇気が感じられなくなった。

具体的には、内野に凡打を打ってしまったとき、全力疾走せずにバットを持ったまま走る選手が出た。そこで、そういうプレーで本当に優勝できるのかと問いただした。

8月20日は当時3位だったソフトバンク、首位オリックスとの6連戦が始まるという難しい局面で、選手たちをグラウンドに集めて、炎天下のミーティングを行なった。

「自分たちの目的は何なのか」

「勝つためにできることは何なのか」

改めて自覚してもらうために、質問を投げかけた。「優勝」という言葉も何度か出して、気持ちを引き締めるきっかけを作った。

シーズン終盤、9月20日にオリックスに優勝を決められた試合で、選手があまり悔しそうにしていないように見えた。少なくとも、私にはそう思えた。シーズンは終わっていないのに、諦めているように見えた。私は悔しさを持つことの重要性と、次にまだ目標はあるという意図を込めて、あえて少し強めの喝を入れた。

京セラドームでの試合後、選手たちを三塁側ベンチ裏にある食堂に集めた。食堂にいても、優勝に沸くオリックスファンの地鳴りのような歓声が聞こえてくる。

「お疲れさん。これで優勝が決まった。見てた？　あれが勝者の音だ。われわれは経験したことがないけど、覚えておいてくれよ」

私は、こう言ったあと、近くにあったゴミ箱を放り投げた。それがむなしく転がる音を選手たちに聞かせ、続けてこう言った。

「そして、これが敗者の音や。覚えておいてくれよな。これから、クライマックスシリーズでやり返すチャンスはあるから、みんなも気持ちを切り替えて頑張っていこう」

いつもより強い調子で言葉を並べた私は、選手を見渡し、こう言った。

「なんか言いたいことある人いる？　この際だから何でも言って」

そう言って、中村奨吾選手、横山陸人投手、安田尚憲選手を指名した。「申し訳ないっていう気持ちしかないです」「不甲斐ないです」など、彼らはそれぞれの悔しい思いを言葉にしてくれた。

私が指名したのは、この試合のキーマンと、シーズン通してのキーマンだった。キャプテンはチームをまとめる存在として、語らせなければならなかった。

横山投手は、オリックスの優勝がかかったゲームで、勝っている場面で出たのに、球場の雰囲気にのまれて気持ちが揺れ、失点を重ねてしまった。しかし、まだ22歳の伸びざかりの若手で、これから勝ちパターンの一角として頑張ってもらわなければならない。

最後に指名した安田選手は、マリーンズを背負って立つ大砲候補で、彼が打たないと勝てないという選手になってほしいので話をさせた。

重要なのは、やはり語らせることだ。**自分で言葉にしないと、すぐに忘れてしまう。**ただ訓示を垂れるだけのミーティングにしないよう意識した。ちなみにゴミ箱を投げたのは演技で、チームスタッフには「こういうことをするけど気を悪くしないでほしい」と事前に伝えてあった。

マリーンズでは、これまでの監督でペップトークをするようなミーティングを開いた監督はあまりいなかったようだ。

そもそも、日本のプロ野球では、監督が選手たちを集めて毎日ミーティングをする習慣はない。私は、区切りのポイント、負けが混み出したときなどにモチベーションを高めるミーティングを行った。すると、選手は忘れていたものに気づいたり、刺激を受けたり、諦めそうな気持ちが奮い立ったりして、動きが変わった。

モチベーションを上げる
ミーティングを定期的に開く。

⑤全体ミーティング

2024年シーズンの春季キャンプに入る前、1月10日にスタッフミーティングを行った。第1章で触れた、2023年シーズンに入る前に行ったミーティングをバージョンアップさせたものだ。

人数も30人から40人に増やし、2023年には参加していなかった栄養士、カウンセリングのドクターなど、野球の専門家ではないスタッフにも入ってもらった。男ばかりのプロ野球の世界において、女性の意見は貴重だ。そこで、数人の女性にも入ってもらった。その結果、初年度に比べてより多くの意見が出た。

2024年は、抽出された問題の解決策まで一気に考えてもらった。グループごとに課題を挙げ、その課題を解決するためにやれることまで発表してもらった。

ミーティングの時間は有意義で、みんなでチームを強くしているという一体感がより強くなった。具体的に使える解決策もあった。野球を専門とする監督やコーチの視点ではあまりにも当たり前で見過ごされたであろう意見や、そこまでしなくてもいいという考えから案の段階で切り捨ててしまいそうな意見まで挙がった。

たとえば、二軍の試合についての意見だ。基本的に、二軍はデーゲームで試合を行うのが普通だ。夏場でも変わらない。二軍のホームであるロッテ浦和球場は屋根がついていないため、夏場はかなり体力を消耗する。

夏場は一軍の故障者が増えて、その供給元として二軍の役割が増す時期だ。二軍にとってはいちばん大事な時期なのに、二軍の選手のほうが消耗している。それでは、後半に勝てなくなるのも当然だ。

スタッフからそうした指摘があったが、私たち野球経験者には、二軍は夏の暑いときでも昼間に練習や試合をするものだという固定観念があった。だから、そこまで考えたことがなかった。

「二軍も、一軍が遠征でいないときはナイターにすればいいんじゃないですか？」

プロ野球の既存のシステムを熟知していない人たちには、なぜ無理に暑い昼間に試合をしなければならないか不思議に映っていた。反対に、プロ野球を熟知している私たちにはそれが当たり前に映っていた。まったくもって盲点である。

確認すると、球場が空いていればナイターでも構わないという。これまでにない発想を取り入れたおかげで、チームにとってプラスの施策が動き出した。

ストレングスを担当する女性スタッフからは、選手の本音と建前がわかりにくいと指摘された。深く入り込むコミュニケーションを取らないと、彼らは本当のことを言わないと感じていたそうだ。ストレングス担当にとっては、選手が痛いと感じているのか、それほど痛くないのか、これを見極めるのが難しいと訴えた。

プロ野球選手は、試合に出ないと意味がない。若い選手もそれはわかっている。痛みを訴えてしまうと、試合に出られなくなる。その恐怖は、骨の髄まで浸透している。

ただ、マリーンズは選手層が薄い。怪我をされてしまうと、チームにとってマイナスになる度合いが他球団より深刻だ。スタッフの発言は「怪我を減らす」という課題から出てきたものだが、野球人からすると気づかないポイントで、壊れるまでプレーさせてしまう可能性があった。

怪我は軽度のうちに治したほうが、戦力として使えなくなる期間が短くなる。怪我の早期申告がチームにとって悪いことではないと選手にわからせる方法を、選手の立場に立って考え始めた。

さまざまな立場のスタッフが参加し、野球を体験していない人が参加する会議では、野球経験者が「野球の素人が口を出すな」と言い出す可能性もある。そのような排他的な雰囲気が醸成されると、素人は意見を言いにくい。そこで、会議が始まる前に私は参加者全員に向けてこう話した。

「このミーティングの趣旨は、さまざまな意見を出すことです。意見の違いは単なる違いであって、決して間違いではありません。むしろ、一見すると間違いのような意見がほしいと思っています。だから、何でも言ってください」

心理的安全性を担保することで、意見を言いやすい環境を整える。それこそが、チーム力の向上に寄与するのは確実である。

課題に対する解決策まで考えてもらったのは、多くの人の知恵を集め、課題の解像度を高める狙いがあった。野球関係者からは因果関係から課題を解決する方法、野球未経験者からは野球界の常識を疑う方法という二方向からアプローチできる。

たとえば「エラーが多い」という課題の場合、単純に考えれば「下手くそだから練習すればいい」という解決策になる。もちろん、それは間違っていないが、守備を上達させるには時間がかかるので、即効性はない。

やりようによっては、守備が下手なままでも守備位置を変える（打者の打球が飛ぶコースをデータ化し、その打者に特化した守備位置にシフトする）だけで、アウトの数が増やせるかもしれない。

身体の動かし方の専門家がその選手の守備を見るのと、野球しかやったことがない人が見るのとでは、守備の巧拙を見るポイントが違う。ある筋肉が極端に弱いためにある動作ができないことで、守備がうまくなれないという発想は、野球しかやったことがない人にはわからない。

その視点に基づけば、守備練習をするより弱い筋肉を鍛えるウエイトトレーニングに時間を割いたほうが効果的だという答えになる。つまり、より課題を分解でき、分解した課題はすぐに結果が出そうなものと時間がかかりそうなものとに分類できる。そうしたうえで今はどれに取り組むべきかを選択すればいい。

もちろん、野球未経験者の意見がすべて正しいとは限らない。ただ、間違いを恐れずに意見を自由に出し合う環境が形成されていることが重要だ。この環境がないと、ある側面からの意見しか出ず、課題の解決には至らない。それでは、チーム力を向上させることができなくなってしまう。

専門家からは
因果関係から課題を解決する方法を、
未経験者からは
常識を疑う方法を取り入れる。

第5章　チームを「**勝利**」に導く

チームが目指す究極のゴールとは

今、目指しているゴールは「強いチーム」だ。

強いチームとは、選手個々がそれぞれの色を出して、それがさまざまなかたちに混ざり合っていくチームである。選手は、監督が指示をしなくても自分のスペックと色がわかっていて、それを主体的に発揮することでマリーンズのカラーが彩られる。

そのためには、選手が主体的に考え、行動できる思考になり、監督、コーチが積極的にそれを後押しする体制を構築できなければならない。それが私の考える究極のゴールである。これは、青山学院大学駅伝部の原晋監督の言葉を参考にさせてもらった。

私がプロとして野球をプレーしてきたなかで、もっとも楽しかったのはメジャーリーグの時期だ。選手個々はバラバラだが、それぞれユニークで個性があり、自己主張の強い選手たちだった。しかし、終盤になって優勝が見えてくると、バラバラだった選手たちが一気にまとまる。その雰囲気が楽しかった。

あのワクワクする感じは、大人になってからはそう味わえない。しかし、プロ野球選手は毎年のようにそのチャンスがある。ぜひ、マリーンズの選手たちにも味わってもらいたい。そういうチームにしたいのも、ゴールと言えばゴールかもしれない。

言うまでもなく、プロである以上、勝利、優勝は最優先だ。選手を育てながら勝つのではなく、勝ちながら選手が育っていく。そうでないとプロ野球の意味がない。負けてもいいから選手を育てるという考えは、学校のクラブ活動になってしまう。

一方、強いチームとは、勝ち続けるだけのチームなのだろうか。

もちろん、勝ち続ければファンは喜んでくれる。しかし、それだけでは何となく満足できないのではないか。そこで必要なのは、チームが「魅力的」であることだ。

では、魅力的なチームとはどのようなチームだろうか。

私の考える基準では、個性豊かな選手が数多くいるチームである。

個性が選手の数だけあり、個性が化学反応を起こして新たな何かが生まれれば、それはきわめて魅力的なチームになる。ただし、個性豊かな選手が集まるチームでも、強くなければ意味がない。個性があっても負けてばかりいたら、そのうち飽きられてしまう。

闘志をむき出しにし、相手に向かっていくピッチャーも、心から応援したいと思うだろう。ハッスルプレー、前向きなプレーができる選手は、ファンは応援したくなる。野球は何が起こるかわからないので、どんな凡打でも一塁まで全力で走るのが原則である。メジャーリーグでも、一塁まで全力で走らないとチームメイトに怒られる。ハッスルプレー、全力プレーは世界共通だ。むしろ、日本のプロ野球より厳しいかもしれない。

マリーンズの外国人選手グレゴリー・ポランコ選手は、元メジャーリーガーのホームランバッターだ。体躯が大きいため、彼は全力で走っていないように見られがちだ。しかし実際には誰よりも全力疾走している。マリーンズの若手選手は、彼を見習ってほしい。

覇気のないプレー、あまりにも淡々としたプレーはファンにも共感されない。プロ野球はファンが支えているという意識を強く持ち、野球さえしていればいいという考えを払しょくしなければ、魅力的なチームにはなれない。

強いチームとは、
選手個々がそれぞれの色を出し、
さまざまなかたちに混ざり合っていく
チームである。

緻密な戦略・戦術が勝負を分ける

では、究極のゴールを目指すために、具体的にどのように戦略を練るのか。

実は、戦略についての確固たる方法論はない。選手、コーチ、スタッフをすべて含めてフロントから与えられたメンバーをフル活用し、どのような方法でどのように采配を振れば勝つ可能性が高いかを考えるしかない。

マリーンズの場合、決して強力打者が揃っているわけではない。2022年のアナリストによる振り返りを見てみると、圧倒的に打撃が弱かった。メンバーを見ると、2023年もほとんど上積みがない。平均すると、1試合あたり3点ぐらいしか取れないであろうことは、ピッチャー出身の私でもわかる。

すると、1試合3点以内に抑えても、勝率は5割ほどという感覚があった。そこで、投手力と守備力を駆使し、先制点を守って勝ち抜く戦略を立てた。

その基本戦略のもと、戦術として考えなければならないのはピッチャーだ。先発ローテーションをどのように組むか、リリーバーをどのような場面でどう使うか、これを重点的に考える必要があった。

2022年は、最終的に先発ピッチャーの駒不足による失速が原因で5位になった。石川歩投手が故障で離脱してから、急激に成績が悪化した。先発ピッチャーの駒不足をどうやって解消するか。そこが強化できれば5位にはならない。

野手についても、課題は明確だった。得点力不足を補うには、相手ピッチャーによってどのような打線を組めば少しでも得点できるかを考える。あるいは、相手ピッチャーの持ち球によって、どの球種とどのコースを狙っていくかなど、細分化して対応させることを考えなければならない。

また、レギュラー陣をシーズンが終わるまでベストなコンディションでプレーさせなければ、ただでさえ薄い選手層のチームは崩壊してしまう。
では、どうすれば最後までコンディションを保つことができるか。その点をクリアにする戦術が、マリーンズの課題として浮かび上がった。

監督に就任して戦力を分析し、戦略を構築しようとしたとき、どうしてもチームの弱みが目につく。そのとき、多くのトップは弱みを補強する戦略、戦術を志向しがちだ。

もちろん、弱みの解消も並行してやらなければならない。しかし私は、**強みをさらに伸ばし、弱みを強みで補う戦略**を立てるしかないと思った。なぜなら、短期間で弱みを解消することは、かなり難しいからだ。やろうとしても、時間がかかる。結果を求められる監督としては、それを戦略の中心に据えることはできない。

改めてマリーンズの強みを分析してみると、浮上したのは投手力と走塁だった。その強みをうまく使って勝つ戦略を練るために、多くの時間を割いた。

さらに、科学的な根拠はないが、マリーンズの「ムード」も弱さにつながっているように感じた。勢いがついたら強いが、勢いが止まるとめっぽう弱くなる。シーズン途中で主力が怪我や調整で試合に出なくなると、勢いが止まって勝利から遠ざかった。

すでにお話ししているが、これには選手が失敗し、監督から叱責されることを恐れるあまりチャレンジしない姿勢が関わっている。コーチ陣も監督の顔色をうかがい、コーチングではなく指導しようとする。スポーツチームにとってもっとも重要な選手ファーストの発想が弱い。バレンタイン監督や井口監督など歴代の監督たちがこれをなんとか打破しようと奮闘したが、チームカラーとしては依然として残った。


そのムードを切り崩すには、カンフル剤が必要だった。

2023年、現役ドラフトによってオリックスから大下誠一郎選手が加入した。大下選手は、マリーンズにはいなかった元気なキャラクターの選手だ。彼のパワーで、チームの雰囲気は変わった。シーズン当初から、ベンチのムードも良かった。

外部から突然入ってきた選手が弾けてくれると、それに引きずられてほかの選手も弾けることもある。それを期待して、彼を一軍に置いた。正直に言えば、大下選手は一軍と二軍のボーダーにいる選手だった。一軍の登録枠の最後のピースを、ピッチャーにするか野手にするか迷ったが、ピッチャーの布陣は整っていたので、野手をひとり増やし、ムードを変えてくれる大下選手を一軍に入れた。チームが軌道に乗るまでのムードメーカーになってもらえるだろうと考えた。

大下選手のような外部の力と、加入したばかりの新人は、それまでのチームの雰囲気を知らない。彼らを起用することでムードを変えてもらいつつ、スキル的にも強化できれば十分な上積みになる。

大下選手のほかにも、日本ハムから巨人を経て2023年の途中から加入した石川慎吾選手、ヤクルトから2022年の途中に加入した坂本光士郎投手も、チームのムードを変える役割を担ってくれた。ヤクルトも日本ハムも、チーム全体が明るい。そうしたチームから移ってきた選手の力は、非常に大きい。

巨人やメジャーリーグを経て2023年に加入した澤村拓一投手も、違った意味でチームの色合いを変えてくれている。彼は浪花節の熱い男で、感情をむき出しにしながら投げる。これはこれで、違う側面からチームのために機能してくれた。

チームに刺激を与える意味で、**外部の血を入れるチーム編成は重要になる。**それも戦略の一部と考えていい。外部から入ってきた選手の影響なのか、長くマリーンズに在籍するベテランたちも、少しずつ変わってきたように見える。おそらく、彼らも弾けた野球のほうが楽しいのではないか。

もちろん、井口監督時代にもそういう選手はいた。ブランドン・レアード選手やレオネス・マーティン選手も、明るいムードをつくっていた。ただ、外国人選手に日本人選手がついていくのは難しかったようだ。極端に明るいムードをつくる行動は、外国人だから許されているという雰囲気になってしまったようだ。実際は、そんなことはない。しかしながら、抑圧された文化は、選手のなかに根強く残っているということだ。

戦略には、優先順位づけが含まれる。私の場合、育てたい選手の優先順位は決める。最優先は勝利に近づくための育成である。ただ、プロ野球は興行の色彩も色濃く帯びていることから、球団に利益をもたらす施策も考えなければならない。たとえば、ドラフト1位で獲得した選手は、球団も資金を投入しているので、可能性があれば使うことも視野に入れる。もちろん、実力として未熟であれば使わない。

マリーンズには、この選手が活躍しなければ将来の常勝チームになる芽が潰えるという選手が数多くいる。そのなかから、その時点で調子が良く、乗りに乗っている選手をピックアップして起用する。総合的に見て優先順位を決める。

若い選手を起用するときの戦略は、コーチングで教えるのではなく、機会を数多く与えて成長させる方針だ。それは、今、どの選手か。調子が良いから二軍から一軍に上がってきた選手は、調子の良いうちに使ってみないと意味がない。最後は、起用してどのような結果が出ても、監督として後悔するかしないかで優先順位を考える。

誰かに意見を聞いたとしても、最後は自分で思い描いていた選択になることが多い。2023年は野手についてはわからないところばかりだったので、コーチに聞くことが多かった。

ただ、起用方針や戦略を誰かに相談する前に、自分のなかでいくつものパターンができている。そのなかでどれを採用するかについては、最後は客観的な数字を見る。定量的なデータは、常に定性的な情報を上回ると考えるのが、私の性格だ。

強みをさらに伸ばし、
弱みを強みで補う。

データと勘を融合させる

科学と非科学のバランスも、戦略、戦術を決めるうえではきわめて重要な要素になる。スポーツの世界には、データをはじめとする科学万能論と、一方で非科学的な根性論とがいまだに共存している。野球の場合はシーズンが長いので、統計や確率を使ったほうがうまくいく可能性は高い。ただ、クライマックスシリーズや日本シリーズなどの短期決戦になると、経験がものを言う。そのあたりのバランスは、非常に難しい。

すでにお話ししたように、メジャーでも100%科学に頼っていた時期から、昔ながらの指導をするコーチとうまくミックスさせる方向に進んでいる。日本も、おそらくメジャーがたどった道を進んでいくのだろう。現在はまだ科学に頼っている最中なので、いつメジャーがたどり着いた地点に到達するかわからない。

私個人としては、野生の勘のような非科学的な要素も大事だとは思うが、今は科学を信じている。瞬間を切り取ると必ずしもデータ通りにならないこともあるとはいえ、終わってみればデータ通りになっているケースが多いからだ。その意味で、**データに沿って戦略や戦術を構築したほうが、成功の確率は上がる。**

ただし、自分が想定する仮説とデータが違うこともある。そもそも仮説を考えるときには、本能的に思い浮かぶことがある。そのうえでデータを確認したとき、正反対の結果が出ている場合がある。そのときは、まずはデータを信用する。データを信用して意思決定をし、結果が出なければ潔く方針を変える。

監督になってから、ピッチャー交代の意思決定にデータを使うことが多くなった。プロ野球の球団には、データを分析するアナリストがいて、必要なデータを豊富に出してくれている。ただ、監督やコーチ、選手たちがデータを扱う能力には、まだまだバラつきがあると言わざるを得ない。豊富なデータをどのように使いこなしていいかわからない選手やコーチに向けて、教育する機会を持たなければならないだろう。

投手に比べて、野手はまだ「感覚」でプレーしている部分が多い。データをしっかりと分析し、それをトレーニングや練習に取り入れれば、パフォーマンスが向上する可能性はかなり高いと思う。伸びしろは投手よりも野手のほうにあるのではないか。

アナリストにデータの抽出を依頼するとき、既成のデータにはない新たな視点のデータをリクエストすることもある。たとえば、あるピッチャーが何球目以降に打たれ始めるのかというデータは、戦略を決定するうえで重要になる。**現代の監督は、アナリストにリクエストする能力を持たなければならない。**独自の視点からのリクエストが、戦略策定の差別化と質の高さを担保する。

メジャーリーグでは、リクエストができなければコーチにすらなれない。データを読み込んでどのように利用するか。その能力がなければ、評価されない。日本のプロ野球は全体として、まだそのレベルに到達していない。

マリーンズも強化しようと取り組んでいるが、道は険しく、遠い。データを使わずに学生時代を過ごしてきた選手、選手時代を過ごしてきたコーチが、数学的センスやマーケティングセンスを身につけるのは、かなりの努力を要する。

そこで、2024年からコーチの上位にコーディネーターを新設した。このコーディネーターは、ほぼ研究者である。データの専門家が技術コーチとコミュニケーションを取りながら、勉強する体制を整えた。

ゆくゆくは、コーディネーターが戦略を考え、技術コーチにブレイクダウンし、技術コーチが選手に伝える仕組みにしたい。コーディネーターの分析力と戦略立案能力が高い水準にあれば、技術コーチのレベルは飛躍的に伸びる。そうなれば、監督と技術コーチの間にあったデータ解析能力の壁を取り払える。

この仕組みは、選手のスキルアップ、パフォーマンス向上に寄与するものとなり、選手にメリットのあるシステムとなる。マリーンズは、その基礎づくりを2023年から始めている。

問題は、技術コーチが野球経験の少ないようなコーディネーターのアドバイスに耳を傾けられるかどうかだ。その重要性を理解させるのが、監督の仕事でもある。それでも理解できなければ、球団を去ってもらう。その覚悟を見せるつもりだ。

現在は、データを活用した科学野球の過渡期にある。やがて、データを活用して活躍した選手たちがコーチになり、科学野球がデフォルトになる。その段階に到達してはじめて、メジャーが現在経験しているデータ活用の「その先」に足を踏み入れることができる。ビジネス社会でもＡＩやデジタルトランスフォーメーション（ＤＸ）がキーワードとなっているが、日本も早く世界に追いつかなければ、時代に取り残されてしまうだろう。

おそらく、ここ10年ぐらいが変革の時期になってくる。変革が進むと、野球の実績はないがデータを駆使できる人がコーチになり、野球の実績はあるがデータを使いこなせない人はコーチになれない世界になる。仮にコーチになれても、データ力に優れた人が上位になるという逆転現象が起こる。ビジネス社会でも、まったく同じことが起こる。

ただ、野球界においては経験則が正しいこともある。データだけを見ても、その選手に最適な解決策が出てこないケースがあるからだ。

そもそも、データはある部分の現象しか示してくれない。たとえばピッチングは運動の流れなので、経験のある人がデータを説明しないと、伝わらない可能性もある。その点では、野球の実績のある人がデータを理解することが最終的な理想形だ。

これをうまくまとめるのが、監督としての私の役割だ。監督はどちらの要素も加味したうえで、決断を下さなければならない。

つまり、**データに関する深い洞察力と、経験則の蓄積の両方が求められる。**一方で、経験は経験でしかない。私の場合、「吉井理人投手」個人の成功例でしかない。だから、聞きたければ聞いてくれればいいが、こちらから選手に押しつけるものではない。私が考える「データ7、野生の勘3」の比率は、このような背景からも導き出されている。

選手に多様性があることがチームを強靭にする。データで納得する選手もいれば、昔ながらの経験を重視する選手もいる。データ重視のコーディネーターやコーチもいれば、実績を積んだ経験豊富なコーチもいる。強く魅力的なチームは、これらをすべてインクルージョンしなければならない。メジャーが現段階でここに行き着いているのは、それなりの理由がある。

科学野球が隆盛の時代、だからといってすべてのメンバーがデータを重視しなくてもいい。基礎として最低限のことは理解するべきだが、何を選択するかは、主体性を持った選手にほかならない。自分のパフォーマンスが上がり、スキルを向上させるにはどうすればいいか。それについて自ら考え、自分の意思で選択すればいい。その選択肢として豊富な判断材料を準備しておくのが、監督である私の仕事だ。

データを読み解き勝利を掴む

ノーアウトでランナーが一塁に出たとしよう。このとき、高校野球であればほとんどのケースで送りバントが選択される。プロ野球でも、よほど点差が離れている場合を除いては、送りバントのサインが出ることが多い。

しかし、客観的なデータを見ると、ノーアウト一塁で送りバントをしたケースより、ヒッティングで打たせたほうが得点が入る期待値が高い。ということは、送りバントという得点の確率が低いサインを出していることになる。ところが、現場で指揮をしていると、送りバントをさせたほうが得点に結びつく気がする。ランナーを二塁に進めたら、ワンヒットで得点が入ると思うからだ。私も、ワンアウト一塁のケースで送りバントをさせて、そこから得点が入ったケースを経験しているために、戦術として使いたくなることも多い。

バッターが下位打線だった場合、ヒットが期待できないからバントを選択する可能性はある。だが、シーズンを通じて統計を取ると、送りバントをしないほうが得点が入る期待値は上がる。栗山監督も、評論家時代にそういう文章を書いている。しかし、実際にゲームでの采配では送りバントを選択している。

では、送りバントはすべてのケースにおいて悪手なのか。

試合の前半、闇雲にノーアウト一塁のケースで送りバントを選択するのは、メリットのある戦術ではないらしい。私はビッグイニングになることを想定して打順を組んでいるので、前半はバントをさせたくない。

ただ、試合の後半になると、ピッチャーにかかるプレッシャーは前半とは比べものにならないほど強くなる。精神的に揺さぶりをかける意味でも、送りバントを選択するのが得策になる可能性もある。

短期決戦でもそうだ。負けたら終わりの状況では、よりチャンスを広げることが相手にプレッシャーを与える。送りバントが相手投手に与える圧力となり、制球を乱したり、ミスを誘ったりすることに結びつく可能性が高まる。

データを扱う専門家のアナリストに聞くと、データには試合前半も後半もなく、長いシーズンも短期決戦もないという。データには状況が入り込む余地がないため、加味されない。しかし、状況判断を加えるのが人間の営む行為だ。**データを100％採用するのではなく、野生の勘を加味するのが監督の役割ということになる。**

ピッチャーの継投は、守りで勝つマリーンズにとって欠かせない要素だ。私は、監督に就任してから継投のタイミングを知るためにデータをかなり使った。たとえば「何球ぐらいから打たれ始めるか」「何人目ぐらいから打たれることが多いか」など、過去のデータから洗い出してもらい、交代する時期を見極めた。

相手打線によって誰を投げさせるかは、統計から出した「予測ＯＰＳ」という指標を使った。ＯＰＳ（打撃指標数＝On-base Plus Slugging）とは、出塁率と長打率を合わせた指標で、この数値が高ければ高いほど、チームの得点に貢献していることになる。ＯＰＳは通常、過去のデータから集計する。

これは、２０２２年にピッチングコーディネーターの勉強でドジャースに留学したときに教えてもらった仕組みだ。日本では、過去のデータと相性を見て決めるが、それよりも予測ＯＰＳのほうが、長い目で見ると確率が高い。過去のデータは母数が少ないこともあり、本当に信頼できるかどうか確かなものではない。

3打数1安打と9打数3安打は、率としては変わらない。しかし、9打数3安打のほうがよく打たれているという印象がある。母数が多ければ多いほど、信憑性が増す。この前提に立ったとき、過去のデータは母数に限りがあるが、未来の予測データは、無限に母数を増やすことができる。

もちろん、どれだけ過去に遡るかによって、母数を確保することはできる。しかし、過去はあくまでもたどってきた道にすぎない。おのずと限界がある。しかも、過去のデータを出した時点の選手の状態と、現在の選手の状態は同じわけではない。調子やパフォーマンス能力は変わっているので、それを信用するのは難しい。

予測OPSは、よく似たタイプのピッチャーが、よく似たタイプのバッターに投げ続けるとどうなるかという予測である。過去目線より未来予測に重点を置く情報だ。データを含めた統計学は、あくまでも確率の世界である。できるだけ高い確率のものを選ぶのが一般的である。ただし、100%ではない。

データと経験をどう使い分けるか。その基準はない。そのときの試合の流れで決まってくる。その流れを言語化することはできない。

流れを読む能力は、数多くの試合を見て感じるしかない。流れが変わった瞬間を意識しながら野球を見る。

私の経験では、走塁に失敗したときに流れが変わるような気がする。盗塁でアウトになってチェンジになった次の回、ヒットエンドランで空振りして三振ゲッツーでチェンジになった次の回などだ。

データで調べても、そういう数字は出てこないだろう。しかし、そういう「勘」が働いているのは確かだ。2022年は積極的に走って盗塁する戦術だったが、私が監督に就任した2023年は、80%から90%の確率で成功する根拠がなければ走らなかった。

したがって、盗塁数は2022年の132個から、2023年には73個と激減した。しかしながら、盗塁失敗数は21個とパ・リーグ最小、盗塁成功率は77・7%とパ・リーグ最高の数字を残した。もっとも的確で効率的な走塁をするチームに変貌したのだ。

もちろん客観的指標であるデータも重視するが、主観もないと面白みに欠ける。そのあたりの違いが、優勝するかしないかの分かれ目になってくるのではないか。おそらく、それこそが監督の個性になると思う。

データをフル活用するためにも、
データでは説明できないことを
熟知する必要がある。

準備に優先順位をつける

チームを勝利に導くためのもうひとつの重要な要素は、準備である。

準備という概念は、きわめて広く、漠然としている。だが、人によっては勝つためにもっとも重要な要素が準備だと言い切る人もいる。

監督が勝利のために行う準備としては、**選手個々の実力を把握していることが第一歩**である。的確に把握したうえで、最適な起用法を考えるのが監督の仕事になる。

2023年は、先発ピッチャーの年間ローテーションの回し方を失敗したため、最後の最後で失速した。ローテーションの核になるピッチャーは決まっていて、彼らを中心に前半は安定して回していけるのはわかっていた。

ただ、年間を通してローテーションを守れるピッチャーは少ない。怪我や疲労など、ローテーションを離脱するピッチャーが必ず出てくる。そのときに、穴埋めのため誰をどの程度の期間投げさせるか。その準備をさせたつもりだったが、選手の供給元となる二軍の首脳陣にあまり伝わっていなかったため、一軍のピッチャーが離脱するタイミングに合わせるように、二軍のピッチャーも怪我や疲労で戦力にならなかった。


その反省を生かし、2024年は一軍選手が離脱しそうな時期に、調子を上げる選手を準備しておかなければならない。そのために、大きく期間を分けてコントロールするシステムを整えることにした。

このシミュレーションは、やり出したらきりがない。夏場に調子を落とすピッチャーの代わりに、夏場に調子を上げるピッチャーを準備しておくというように、大雑把に期間を区切るイメージだ。

ただ、シーズンが始まってみないとわからない。夏場で調子が落ちないことも考えられるし、それ以前に落ちてしまうかもしれない。二軍も一軍と同じように毎日の試合を戦っているため、消耗はする。むしろ、デーゲームのため一軍より消耗は激しい。

二軍の首脳陣は、育成と一軍のリザーブを準備するという二軍の役割を確実に遂行するため、さまざまな配慮と施策を同時に実行していかなければならない。その意味で、二軍の首脳陣の仕事のほうが一軍より複雑でやっかいだ。能力の高い人が就任しないと、チームとしての準備が滞る。

準備に関しては、**進めるうえでの優先順位がある。**プロ野球選手は野球のプロなので、今、自分が何をやらなければならないか、優先順位をしっかり理解し、それを確実に遂行することが重要になる。

これは、どの世界でも通じる「社会人力」「人間力」である。

私は、自分のことを的確に把握していて、自分がやるべきことを理解している人を育てたい。自分のやるべきことがわかり、その優先順位をわかっている選手は、準備の能力が高い。しっかりとした準備ができないと、結果を出すことはできない。それを準備させるよう仕向けていくのが監督であり、コーチである。

選手が主体性を持っていないと、優先順位を間違える。優先順位を間違えると、準備の質が落ちる。やらなければならないことを「自主的に」できる選手はいる。しかし、それが本当に自分が今やるべきことなのか、わかっている選手は少ない。何度も言うが、主体的と自主的は違う。おそらく、自分がやるべきこともわかっていない人のほうが多い。

自分のパフォーマンスを的確に把握できず、パフォーマンスを上げるために何をすればいいかが本当の意味でわかっていない。監督やコーチは、選手がそうできるように手助けをしなければならない。

やらされていること、押しつけられていることは、アマチュア時代には多い。それをやれば本当に自分がうまくなるのか、ほかに何をやれば自分がうまくなるのか、正確な分析はできなくて当然だ。なぜなら、指導者がそれを許さないからだ。

高校生はともかく、大学生になったらできるようになるべきだ。ただ、指導者が強烈な大学では、何も考えずに過ごしてきた選手もいる。社会人野球の選手たちは、自分なりのルーティンを持っている選手が比較的多い。

自分で何かを築き上げてきた選手は、少ないながらもいる。高校生からプロに入ってきた選手でも、主体性を持っている選手はいる。そうした主体性を持った選手たちは、準備の能力が高い。いきおい、上達も早くなる。

選手が主体性を持っていないと、
優先順位を間違え、準備の質が落ちる。

選手の心に火をつける言葉

主体性を持って的確な準備ができるように仕向けるため、私はさまざまな言葉を選手に投げかけている。その言葉によって選手の思考を導き出し、言語化させ、さらに思考を深めてもらいたいからだ。その積み重ねによって主体性が磨かれ、野球選手としての能力が向上するばかりか、社会人力や人間力も高められると期待している。

本や映画、漫画やドラマを見て、使える言葉を拾い集めている。いつか使えるだろうと思って、心のメモに書き留めておく。

たとえば、1921年に「理論物理への貢献、とくに光電効果の法則の発見」でノーベル物理学賞を受賞したアルベルト・アインシュタインの言葉だ。

「常識とは、18歳までに身につけた偏見のコレクションのことを言う」
「何かを学ぶのに、自分自身で経験する以上に良い方法はない」
「間違いを犯したことのない人とは、何も新しいことをしていない人だ」

これらの言葉に出会ったのは、中学生のころだったと思う。理科が好きだった私は、アインシュタインに憧れるとともに、彼の発した言葉が心に引っかかった。

2023年1月31日、春季キャンプを前にした全体ミーティングで、私はこの言葉を選手たちに伝えた。野球界の常識にとらわれず、さまざまなことを考え、失敗を恐れずに自らチャレンジしてほしいという意味を込めたつもりだった。

マリーンズではこれまで、監督がペップトークをするミーティングをあまり行わなかったようだ。そもそも、日本のプロ野球では監督が選手たちを集めて毎日ミーティングをする習慣はあまり聞かない。私は、区切りのポイント、負けが混み出したときなどにモチベーションを高めるミーティングを行った。すると、選手は忘れていたものに気づいたり、刺激を受けたり、諦めそうな気持ちが奮い立ったりして、動きが変わった。

先ほど、小島投手が調子を落としているとき、個別ミーティングを行ったと書いた。そのとき、私は彼にこんな言葉を投げかけた。

「音楽にたとえるなら、楽譜をきれいに弾いているだけの投球に感じる。音楽は、少し音が外れていても、情熱を込めた勢いのある演奏のほうが、相手の心に響くことがある。それは、ピッチングも一緒だと思う」

私は、小島投手にもっと大胆になってもらいたかった。慎重になりすぎて、フォームも雰囲気も窮屈になっている。どこに行くかはボールに聞いてくれというぐらい、振り切って投げてほしかった。それを伝えるのに良い言葉はないか探していたところ、中学生のころから弾いてきたギターのことを思い出し、この言葉になった。

別の機会には、競走馬の写真を見せ、話をしたこともある。

「この馬知ってる？　ツインターボ。とにかく逃げる馬。いつも大逃げを打つ。結局、ゴールまで体力がもたなくて負けることもあるけど、そのまま逃げ切って勝つこともあったんだ。それくらいの入り方でもいいんじゃないか？」

これも、慎重になりすぎていた小島投手に、後先考えずに疾走してほしかったからだ。

競走馬の例は伝わりにくかったかもしれないが、意図は伝わったと思う。

選手は、自分で主体的に考えていても、誰かが背中を押さなければ踏ん切りがつかないこともある。それこそが、監督の仕事だと思う。そもそも、人前でみんなを鼓舞するために立派な言葉を引用して話すのは得意ではないし、自分でも恥ずかしい。できればやりたくないが、監督の役目なのでいろいろなところから引っ張り出して伝えている。


監督が発する言葉の力は大きい。

ただ、良い言葉を伝えただけでは、選手に残らない。ちょっと変わったこと、引っかかることを言わないと「また、監督が何か言っていた」で終わってしまう。

「あれ？　どういうことなんだろう？」

その**「引っかかり」を選手に与え、そこから考えさせ、自分なりの答えにたどり着くことが重要なのだ。**言葉を探すときは、引っかかりのある言葉からこういうことを考えてほしい、こういうふうに動いてほしいと想定して選ぶ。

その時点で言わなければならないこと、言いたいことに照らして、言葉を探し続けている。もちろん、人によってとらえ方が違うので、実際は想定通りにはならない。それでも考えるきっかけになってくれればいいと思っている。

方向づけをしたいときは、抽象度の高い言葉を選ぶ。そこから、具体的なことを自分で考えてほしいと期待する。やらなければならないことは、基本的に毎年変わらないから、言葉選びの本質は基本的に変わらない。

ただ、チームメンバーの年齢構成のボリュームゾーンが変われば、言葉選びが変わる可能性もある。ベテラン選手が多いチーム、若い選手しかいないチームでは、チョイスする言葉は変わってくる。

若い選手が中心のチームでは、激しい言葉を使ってもいい。しかし、ベテランが中心のチームは、プライドも実績もあるので、きつい言葉を使うとへそを曲げてしまう。そうした配慮は必要だ。

選手に伝える言葉は、同時にコーチにも伝えているつもりだ。直接の内容は選手に向けて言っているが、それを聞いたコーチは、選手のために自分はどうすればいいかを考えてほしい。私の意図が伝わるまで、何度でも繰り返し伝えていこうと思っている。

ただ、私の言葉があまりにも「昭和っぽい」ので、彼らに響いているかどうかはわからない。それでも、何か感じるものがあると思っている。みんなが同じ考えになってほしいわけではない。それぞれの感じ方で吸収してほしい。

5月14日の母の日には、試合前に選手たちを集めて、こんな話をした。

「今日は皆さんの一番のファンであり、誰よりも応援してくれているお母さんのためにプレーをしてください。いつもより、ほんのちょっとでいいので、お母さんの事を思ってグラウンドにいってください」

実はこの少し前に、私は母を亡くしていた。5月12日に和歌山で行われた告別式は、千葉から北海道への移動休日だったため、あえてチームには知らせることはせず、そのままチームに合流した。グラウンドでもいつもどおり振る舞ったので、選手やコーチたちに気づかれることはなかったと思う。

親孝行は、できるときにしないとできなくなる、というのは本当だった。選手たちも、母の日をきっかけに向き合ってほしいと思って伝えた。

野球の話題だけでなく、人生の先輩としてのメッセージを伝えることで、選手の心に火をつけていきたいと思っている。

心に「引っかかる」言葉を選び
相手の思考を導き出す。

監督の意思決定とコミュニケーション戦略

監督という仕事は、日々意思決定の連続で、葛藤の連続だ。さまざまな選択肢があるなかで、毎日それを考え、迷い、決断するのが監督の日常だ。

結局、最後は自分で決めることになるが、うまくいくことばかりではない。うまくいかなかったときは、学びを得つつも、こんなこともあるさと潔く切り捨てる。それができないと、意思決定をする監督という立場は負荷が重すぎる。

監督は神様ではない。間違えることもあれば、迷うこともある。決断する前に迷いに迷っているときは、コーチや選手に素直に伝える。場合によっては、何が最適な選択かについて、一緒に考えてもらう。そこから得たヒントで、決断できることもある。

ただ、コーチや選手が監督に意見を言っても、採用されないことが続くと、意見を言うモチベーションは下がる。コーチ時代に、私も思い当たるふしがある。

考えに考えて監督に意見しても、採用されることはなかった。そうなると、考えても無駄だと思ってしまう。投げやりになりそうな心を抑え、考え方を変えた。監督がやりたいと思う最善の方法がないかを考えるようになった。

言うまでもなく、監督に迎合するのではない。あくまでも、選手ファーストが担保されなければならない。監督の考えを汲んだうえで、選手が動きやすい方法を考えるスタイルを取った。それが見つからない場合は、もう一度意見を戦わせた。

これはベストのかたちではない。コーチにそう思わせてしまうと、最善の選択肢が上がってこない可能性がある。その道を閉ざしてはならない。

監督が意思決定をするのは、最終的に監督がリスクを負うからだ。最終決定権は監督にあるのは揺るぎないが、最終決定をするときに並べる選択肢の質は、監督がひとりで考えても高くならない。

選択肢の質を高めても、失敗することもある。そのときは、失敗したことを素直に謝っている。迷って手遅れになったときは、とくに強く謝罪する。

「私の選択が間違っていた。しっかり考えるので、また意見をください」

監督のなかには、自分が決断したにもかかわらず、結果が出ないと「なぜ結果が出ていないのか」と問い詰める人もいる。この責任転嫁の言動によって、選手やコーチは不満に思い、混乱する。選手やコーチを混乱させるのは、監督がやってはいけない行為の筆頭である。意思決定した監督の失敗の責任を明らかにする。それが、選手やコーチを混乱させないために必要なことだ。

２０２３年10月14日のソフトバンク戦では、安田尚憲選手にバントを命じたものの、うまくいかなかった。初球、２球目と連続でバント失敗し、そこからヒッティングに切り替えると、しっかりタイムリーツーベースを決めてくれた。「バントをさせた俺が悪かった」と思い、一塁ベースに立つ安田選手に向かって「ごめんなさい」と謝った。手を合わせて謝る姿は、ちょうどテレビに映し出されてしまったが、私は気にしない。

監督が素直に謝るのは、コミュニケーションと意思疎通に必要だからだ。威厳がなくなるから謝ってはいけないという人もいるが、監督としてあるべき姿に見えれば、威厳など自然とついてくるものだ。

監督が何を考えているかわからないと、選手やコーチもどのように動いていいかわからなくなる。試合への準備も難しくなるので、わかりやすくしたほうがいい。

監督という立場は、意思決定をする人であり、その責任を取る人だ。選手から見ると自分の将来を左右する存在であり、キャリアを決定づける存在である。

その位置づけは厳然としてあるが、選手には自分で考え、決断し、行動したからうまくなったと思ってほしい。監督のおかげという言葉を期待しているわけではない。

優先順位の高い選択肢を選ぶ場合、非情な決断をしなければならないこともある。それがチームの勝利にとって、ベストの選択と考えるからだ。決断に情は入れたくない。選手を失望させるようなことも、躊躇なく決断する。

ただし、なぜスタメンを外したか、なぜ二軍に落としたかについての根拠は、しっかりと説明する。とくにベテランに対しては、納得してもらってから外す。根拠さえ明確に伝えれば、ベテランは自分の価値を正確に把握する。未熟な若手は判断力が育っていない。だから躊躇なく外し、そこから何かを気づいてほしい。

私もメジャーで投げていたころ、そういう状況に陥った。それほど成績は悪くなかったが、先発ローテーションの一角から外され、3Aからメジャーに昇格した若い投手を代わりに入れたいと告げられた。私は、ロングリリーフに役割が変わる。

そのミーティングには、監督、ピッチングコーチ、GMが並んでいた。私はその話を聞くと、即座に断った。

「私は先発として投げられるし、先発したい意欲もある」

私の言葉に、監督の口からはこんな言葉が出てきた。

「これは、もうチームで決めた作戦だ。おまえには2つのチョイスがある。機嫌を直してブルペンに入るか、このままチームを去るかだ。どちらかを選べ」

焦った。ここでクビを切られるのは本意ではない。

「機嫌直します」

同じようなことが、バレンタイン監督時代にもあった。バレンタイン監督は、私に先発を外れてくれと言った。

「先発をやりたい」

私の言葉に、バレンタイン監督は言った。

「わかった」

バレンタイン監督は、私をローテーションから外さなかった。メジャーは通常、5人でローテーションを組む。ところが、バレンタイン監督は6人でローテーションを組み、私に先発の機会を与えてくれた。


どちらのケースも、私は先発を外れることに納得していなかった。まだ投げたいと思っていたし、実際に成績も悪くはなかった。ところが、最初のケースでは有無を言わせず先発を下ろされた。しかしバレンタイン監督は、私の意見を聞いてくれた。

この2つの経験があるからこそ、選手にはオープンに話をして納得してもらわなければならないと考えるようになった。それがないと、選手のその後のプレーに悪影響を及ぼすことを実感として知っているからだ。

もちろん、そうは言っても非情な決断をしなければならないケースもある。勝負の世界なので、そこは割り切りが必要だ。コーチ時代には、選手にこう指導していた。

「自分でコントロールできないものは諦めろ。打球の行方と監督の采配は、おまえにコントロールできない」

選手はおおむね、監督の意図を理解する。起用に根拠さえあれば、チームの空気が悪くなることはない。

意思決定を伝える方法にこだわるのは、本書を通じて主張してきたとおり、選手に主体性を持ってもらいたいからだ。伝えられた内容を、自分の頭で考え、何が原因か模索し、どうすれば克服でき、どうやって行動するかを自分で決めてほしいからだ。私の監督としての思考と行動は、すべてそこに結びついている。

勝つチームになるために、
監督に威厳は必要ない。

エピローグ

機嫌のいいチームをつくる

一般的に、スポーツチームの監督というのは、このようなチームをつくりたいと考える。

「選手たちのそれぞれの能力は、ほかのチームの選手より秀でている」

「ファンからの人気も高く、世間からの注目を集める選手たちだ」

つまり、ドリームチームである。それだけの選手たちを意のままに操り、勝利を重ねることで監督としての名声を高め、業界だけでなく世間からも尊敬されたい。

その気持ちは、わからないわけではない。

日本のプロ野球チームの監督をしている私も、あらゆるタイプの有能なピッチャーを揃えたいと思うし、さまざまなタイプの優れた野手を揃えたいと思う。

しかし、そんなチームをつくれる確率は、限りなくゼロに近い。ほぼ妄想だ。プロ野球だけでなく、あらゆる業界で人材は限られていて、能力も期待通りではない。スポーツの世界でも、ビジネスの世界でも、リソースは限られている。

編成にまで口を出して「この選手を取ってこい、あの選手を取ってこい」と圧力をかける監督もいるかもしれない。あるいは球団に金があふれ、予算を考えることなく自由に選手を集められる球団もあるかもしれない。自分好みの選手、とびきり有能な選手で固めたチームを指揮するのは、さぞかし楽しいだろう。


しかし、そんなことができるのは、ごく限られた人だけだ。

監督を引き受けた以上、限られたリソースで結果を出すことが求められる。編成から渡された選手たちで、どうやって勝っていくかを考える。それが、監督のもっとも重要で基本的な仕事だと思っている。

私は監督として、むしろそんな状態からチームを構築することに楽しみを覚える。

WBCの侍ジャパンのような、有能な選手ばかりを集めたチームを勝たせるのと、マリーンズのように限られた選手を駆使して勝たせるのと、どちらが楽しいか。

私は、迷いなくマリーンズを選ぶ。


言うまでもなく、侍ジャパンには違う意味でのプレッシャーがかかる。簡単に勝てるわけではないし、代表監督の双肩にのしかかる重圧は計り知れない。

しかし、マリーンズでも結果を出さなければもちろんクビになる。プレッシャーの質は異なるが、ファンからの期待やフロントからの重圧はひしひしと感じる。

それでも、限りあるピッチャーをどのようにやりくりすれば勝てるか、相手投手によってどのような打順を組めば勝てるのか、私はそれを考えるのが好きだし、人よりも得意かもしれないと自分では思っている。それを考えずに済むようになれば、監督という仕事の魅力は半減する。

選手が揃っているのが理想だ。しかし、おそらくそのときはやってこない。だとしたら、リソースが不足している前提に立ち、それを補うための準備やシミュレーションを重ね、その時点の選手の能力を、その時点で最適に組み合わせ、的確な判断を下していきたいと思う。

その大前提にあるのが、本書で繰り返しお伝えしてきた「選手が主体的に考え、自ら気づき、自ら行動する」ことである。

自分の強みと弱みを正確に把握する。
強みを伸ばすために何をやるべきか自ら考える。
弱みを補うために何をやるべきか自ら考える。
改善し、成長するための行動を、自らの意思で遂行する。

このようにして成長した選手たちを、ここしかないというタイミングで起用し、その結果として勝利を収め、優勝したときに監督としての充実感を味わう。

つまり、選手自らが「勝手に」成長し、選手の豊かな個性が「勝手に」醸成され、それを起用する監督にとって、必要なときに必要な選手が「勝手に」決まる状態が理想なのではないか。監督の奇抜な采配が注目されるのは、むしろ監督の能力不足を露呈しているのではないかとさえ思う。

こう考えると、監督の重要な仕事は、次の2つしかない。

選手たちが「主体的に」「勝手に」成長していくための環境を整えること。
直接選手に関わるコーチや、選手の身体や心をケアするスタッフを含め、すべての関係者がチームの勝利に貢献するための「心理的安全性」を整えること。

環境を整えることに集中すれば、監督は目立たない存在となる。選手こそが注目される存在となり、「○○ジャパン」などという呼称が意味を持たなくなる。私の理想の監督像を問われたら、こう答えるだろう。
「最高の監督は、目立たない」
監督は選手を牽引するのではない。選手を後押しする存在なのだ。

尊敬する故野村克也監督の采配は、データを重視するインパクトから「ＩＤ野球」と呼ばれた。それにならい、私も野球観を考えてみた。いくら考えても、適切なワードが思い浮かばなかった。

ただ、直感的に浮かんだのは**「機嫌よく野球をやる」**。

当事者の選手たちは、自ら主体的に考えて自由な発想で野球をやってほしい。それを支えるコーチ、スタッフも、好きなだけ自らの専門分野を突き詰め、自由な発想で意見をぶつけ合ってほしい。

もちろん、プロフェッショナルが集う集団である以上、それを結果に結びつけなければならない。それでも、ほどよい緊張感のなかで、あらゆる角度から柔軟な思考で野球を突き詰めていく。それは見ていてもワクワクするチームに違いない。嬉しいことに、2023シーズンは主体性を持った選手たちのプレーで観客を魅了し、公式戦主催試合の観客動員数は過去最多を記録した。監督として勝利だけでなく、ファンを楽しませることもできたと実感している。

そうは言っても、私はまだ1年と少ししか監督を経験していない。いわば「ひよっこ監督」である。この先、どのような監督になっていくのか、自分でも楽しみだ。

本書に書いたことが、来年も正しいと思えるかどうかわからない。さまざまな試行錯誤を続けながら、自らも進化し続けなければならないと思う。

基本的な方針や、基本的な考え方を変えることに、私はまったく抵抗がない。今より良くなるのであれば、変えることを躊躇する理由はないからだ。

人からどう思われようと、選手にとって良くないことは変える。謝ることにも、決断することにも抵抗はない。

監督は、選手が主体的に成長し、優れた能力を発揮するための環境を整え、そうして成長した選手を駆使し、勝利という絶対不変のミッションを完遂する。そのためのあらゆる準備、思考、行動、決断を完璧なまでに追求する。そのとき、自己顕示欲が微塵もあってはならない。選手ファースト。自らは目立たない。

これが、現時点の私が思う、監督の極意である。

2024年

千葉ロッテマリーンズ監督　吉井理人

機嫌のいいチームをつくる

発行日 2024年7月19日 第1刷
2024年9月25日 第5刷

Author	吉井理人
Photographer	小川孝行
Book Designer	國枝達也
Publication	株式会社ディスカヴァー・トゥエンティワン 〒102-0093 東京都千代田区平河町2-16-1 平河町森タワー11F TEL 03-3237-8321(代表) 03-3237-8345(営業) FAX 03-3237-8323 https://d21.co.jp/
Publisher	谷口奈緒美
Editor	大山聡子 榎本明日香 (編集協力:新田匡央 梶原紀章/千葉ロッテマリーンズ広報室)
Distribution Company	飯田智樹 蛯原昇 古矢薫 佐藤昌幸 青木翔平 磯部隆 井筒浩 北野風生 副島杏南 廣内悠理 松ノ下直輝 三輪真也 八木眸 山田諭志 鈴木雄大 高原未来子 小山怜那 千葉潤子 町田加奈子
Online Store & Rights Company	庄司知世 杉田彰子 阿知波淳平 大﨑双葉 近江花渚 滝口景太郎 田山礼真 徳間凜太郎 古川菜津子 藤井多穂子 厚見アレックス太郎 金野美穂 陳玟萱 松浦麻恵
Product Management Company	大山聡子 大竹朝子 藤田浩芳 三谷祐一 千葉正幸 中島俊平 伊東佑真 榎本明日香 大田原恵美 小石亜季 舘瑞恵 西川なつか 野﨑竜海 野中保奈美 野村美空 橋本莉奈 林秀樹 原典宏 牧野類 村尾純司 元木優子 安永姫菜 浅野目七重 神日登美 小林亜由美 波塚みなみ 林佳菜
Digital Solution & Production Company	大星多聞 小野航平 馮東平 森谷真一 宇賀神実 津野主揮 林秀規 斎藤悠人 福田章平
Headquarters	川島理 小関勝則 田中亜紀 山中麻吏 井上竜之介 奥田千晶 小田木もも 佐藤淳基 福永友紀 俵敬子 池田望 石橋佐知子 伊藤香 伊藤由美 鈴木洋子 藤井かおり 丸山香織
Proofreade	株式会社 鷗来堂
DTP	株式会社 RUHIA
Printing	中央精版印刷株式会社

ISBN978-4-7993-3073-9
KIGEN NO II TEAM WO TSUKURU by Masato Yoshi